正能力十书

成功要有大谋略

掩卷　编著

二十一世纪出版社集团
21st Century Publishing Group
全国百佳出版社

图书在版编目（CIP）数据

成功要有大谋略 / 掩卷编著. -- 南昌 ： 二十一世纪出版社集团，2018.6

ISBN 978-7-5568-2755-8

Ⅰ. ①成… Ⅱ. ①掩… Ⅲ. ①成功心理－通俗读物 Ⅳ. ①B848.4-49

中国版本图书馆 CIP 数据核字 (2017) 第 098665 号

成功要有大谋略 掩卷/编著

策　　划 张　明
责任编辑 敖登格日乐
出版发行 二十一世纪出版社集团
（江西省南昌市子安路75号　330009）
www.21cccc.com　cc21@163.net
出 版 人 张秋林
经　　销 新华书店
印　　刷 北京正合鼎业印刷技术有限公司
版　　次 2018年6月第1版　2018年6月第1次印刷
开　　本 787mm × 1092mm　1/16
印　　张 17.5
字　　数 260千字
书　　号 ISBN 978-7-5568-2755-8
定　　价 39.80元

赣版权登字—04—2017—530

如发现印装质量问题，请寄本社图书发行公司调换 0791-86524997

目录

仁德卷

第一

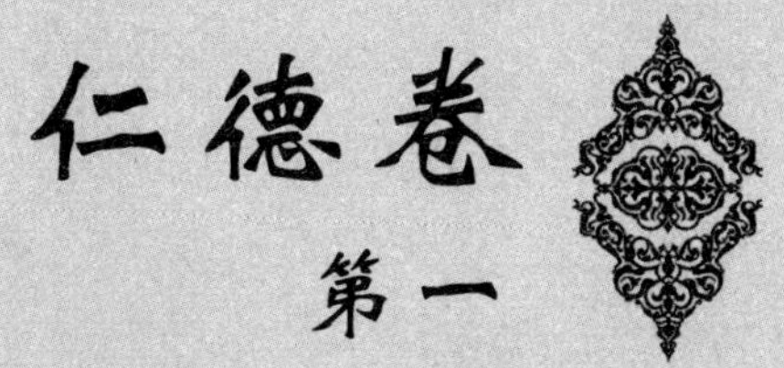

原文

德者，人之所得，使万物各得其所欲。(《素书》)

译文

德，即获得，依德而行，可使一己欲求得到满足，自然界万事万物也是如此。

解读

一切权谋都要有德作为基，即使是阴谋。不讲道德，所有权谋到最后都会落空。只有以道德为立身处世的根基，才能有求必应、心想事成。德之功用，对别人来说是使之得其所欲；对自己来说，则体现为一种崇高伟大的道德品质。

案例

刘备护民

一个人要成大业，必须要有道德，只有这样才能够得到人们的认可和支持。讲德不仅对别人是一件好事，也能让自己在需要帮助和支持的时候得到援助。

三国时期，刘备是一个非常宽仁、忠厚、慈善、好施、善于收买、笼络人心的人，而他也正是凭借着这一点，把许多人才聚集在他的身旁，成功取得蜀地。当时，曹操占据着北方大部，挟天子以令诸侯，无论在政治上还是军事上都占有非常大的优势。不过曹操生性残暴，行事暴虐，经常动不动就屠城，而刘备行事恰与曹操相反：曹操急躁残暴，刘备宽厚仁慈；曹操狡诈，刘备忠厚老实；曹操篡汉，刘备扶汉。所以，刘备深得人心。

在他进入蜀地后，积极拉拢当地豪门士族，推行对他们有利的政策，归还他们的田地和房屋，还积极鼓励发展农业生产，因此而得到百姓的称赞。

在他带着军队在新野驻扎时，当地的面貌焕然一新，百姓的生活水平得到极大的提高，当地百姓人人称颂道："新野牧，刘皇叔，自到此，民丰足。"他凭借着这一点得到了百姓的热烈支持和拥护。

当他转移到樊城时，曹操紧追不舍，而刘备当时所率军队人数远不敌曹操，再加上樊城的城池非常浅，城墙也不牢固，他的军师诸葛亮猜测他们难以抵挡曹操的进攻，所以准备劝说刘备放弃樊城，渡过汉水，退到襄阳方向。但刘备不忍心将跟随他多时的百姓抛在樊城，所以派人到城里去通知他们："曹兵将至，孤城不可久守，百姓愿随者，可一同过江。"不料城中百姓一个个都誓死愿意跟随刘备撤退。刘备得知这一消息后，大为感动，但是如果他带着城中数万的百姓撤退的话，一天只能行军十多里，很可能就会被曹操的军队追上。所以，有人向他进言，让他抛弃百姓，自己先撤退。但刘备却一口否决了这个提议，他哭着说："成大事的人必须要坚持以人为本。现在他们愿意追随我，就是我的人了，我怎么可以把他们抛弃了呢？"于是，他带着数万百姓浩浩荡荡地渡过汉水。

携民渡江这件事让刘备爱民的名声在中原广为流传。后来，他成功取得了蜀地，也正是采取了这个"攻心"策略，即结民先得民心。

原文

夫教诲之政，有自来矣。何以言之？管子曰：“措国于不倾之地，有德也。”（《反经》）

译文

分封诸侯、广施教诲的政治体制，由来已久了。为什么这样说呢？《管子》中说：“把国家立于不败之地，是因为实行了德政。”

解读

古人认为：仁德之人可得天下。这是因为以武力镇压，人们虽然嘴上不说，但心里却是充满了反叛情绪，只待时机一到便会毫不犹豫地将其推翻。而以仁德服人才能使人真心地归服，忠心耿耿地为其效力。所以，为领导者应当注意修养自己的德行，知道以德治国才能长久，以仁政治国才能使天下太平。而用强权和钱财笼络人心均为下策。

案例

李渊容人的故事

要让别人真心服从，光靠武力是不行的，因为这样可能仅是让对方屈服于力量的对比悬殊。只有依靠自己的德行才能让别人心悦诚服。在人与人的交往过程中，要善于以德服人，特别是对于一个组织的领导者来讲，培养以德服人的心态，是实现出色管理的重要方式。

隋朝末年，李渊担任太原留守。在他任职的过程中，和李靖发生过矛盾，两个人结下了芥蒂。之后，李渊准备起兵反对隋朝，却又被李靖告发检举。就这样，两个人之间的矛盾又加深了一层。

后来，李渊凭借自己的力量终于攻下了长安，并且活捉了李靖。大家都认为李靖在劫难逃，只能坐以待毙了。但是李渊的次子李世民却认为李靖是一个非常难得的人才，于是拼命向父亲求情，最终保住了他的性命。

公元 616 年，李渊放下前嫌，任命李靖为大元帅，让他带领一批人马去征讨萧铣。征讨初期，李靖大获全胜，立下了很大的军功，李渊重重地赏赐了他。但是在后来的战争中，李靖遭遇了挫折，唐军失利，军队溃败，李渊勃然大怒，下令要处斩李靖。

文武百官都向李渊求情，李靖才免于死罪。李渊的宽容让李靖决定将功赎罪，戴罪立功。果不其然，在之后的战争中，李靖率领的军队频频告捷。这让李渊非常高兴，他细细考虑了一番，宣布对李靖之前的过错都既往不咎。这更是让李靖心中感激万分，他暗暗下定决心，要更加尽心尽力为朝廷效力。

尽管李渊和李靖之前有很大的矛盾，但当李渊决定任用李靖后，他并没有以小人之心，揪着李靖的过错不放，而是过往不究，恩威并施，宽宏大量，让李靖心服口服，真正做到了以德服人，所以才让李靖的才能有效地发挥出来，为大唐建立了汗马功劳。

孟子曾说，凭借自己的实力并打着仁义的幌子去征讨别人，可以称霸天下，但这个前提是他必须有一个强大的国家做他坚实的后盾；而如果是凭借自己高尚的德行去施行仁政的人，那么他便可以通过实行王道，让天下归附于自己，但这种人就不一定需要依靠一个强大的国家的力量了。无论是在日常生活还是在企业管理中，光靠武力是不能赢得人心的，只有凭借高尚的道德才能使对方真正信服。

原文

夫兵不可出者三：不和于国，不可以出军；不和于军，不可以出阵；不和于阵，不可以出战。故孙子曰："一曰道。道者，令民与上同意者也。故可与之死，可与之生，而人不畏危。"（《反经》）

译文

凡是用兵在三种情况下是不可以出动的：国内不和，不可以派军队出征；军内不和，不可以布列军阵；军阵内不和，不可以出战迎敌。所以孙子说："决定战争胜负的首要因素是道。所谓道，就是能够使百姓同君王的意愿保持一致。百姓愿意为君王出生入死而无所畏惧。"

解读

军队的强大力量不只在于有强大的装备，更重要的是要有强大的凝聚力。只有有道的明君才能懂得这点。同样，只有以德施政才能让百姓顺服，否则劳民伤财的霸权只会让百姓怨恨，虽然现在没有表现出来，但那份怨恨却深埋在心中，就像火药装在炮膛里，一旦时机成熟发射时，其威力是十分可怕的。管理企业也一样，如果下属一直有怨言，等到暴发的那一天，会对公司造成无法预估的损失。

案例

渔民助闯王渡黄河

无论是治理国家还是管理企业，粗暴的管理只会让人们面服心不服，从而埋下隐患。只有真切关心群众或下属，才能让被管理者认可并支持管理者，进而凝聚强大的力量促进国家或企业良好运转。

明朝末年，李自成带着农民起义军来到黄河边上，准备东渡黄河，去灭贪官污吏和地主恶霸，解救陷于水火之中的老百姓。

那时正值初冬季节，滔滔的黄河水挡住了农民大军前进的道路。万般无奈之下，他只好让大军就地驻扎下来，准备等到黄河水结了冰之后再渡河北上。第二天一早，他就吩咐两个士兵去看看黄河上冻了没有。两个士兵看了后，报告说黄河没有上冻。李自成着急得连头发胡子都白了一大半。第三天一大早，两个士兵又被叫去查看黄河水是否结冰。结果，他们带回来的消息还是黄河水没有上冻。这个消息让他如热锅上的蚂蚁一般坐立不安，只要耽误一天，百姓们就要多受一天的苦难，想到这里，他剩下的头发和胡子全都白了。

第四天，他又派这两个士兵去查看黄河结冰的情况。两个士兵满怀期望地来到黄河边，希望能够看到已经冰冻的黄河水。但当他们来到黄河边时，听着哗哗地黄河水声，心情十分低落。两个人无精打采地坐在黄河边发呆。忽然，一个士兵提议道："咱们闯王为了解救老百姓于危难之中，要东渡黄河。他听说黄河没有上冻，才两天的光景，就急得头发胡子全白了。今天咱们回去要是再说黄河没有上冻，闯王肯定更要着急了。咱们得想个办法才好。"另外一个士兵听了，也点头称是。两个人坐在黄河边挠头搔耳地想着办法。

恰巧，他们商量的声音让黄河岸上的船夫们听到了，他们心中异常的感动。几个船夫凑到一起窃窃私语一番，就对岸上的两个士兵说："你们放心，我们一定有办法让大军渡过黄河的。今天你们回去就告诉闯王，说黄河水已经结冰了。"

两个士兵听了这个消息，立刻回去报告闯王。闯王听了，十分高兴，立刻吩咐大军四更做饭，五更出发。第二天清晨，当队伍来到黄河边时，闯王看着黄河水还在奔腾着，心里大为生气。可是，他再一看，发现河面上船连船，板连板，已经搭起一座宽大的浮桥。他心里十分疑惑。

正当他还在纳闷的时候，几个船夫来到了他的面前。他们说："听说闯王要东渡黄河，为民除害。我们日盼夜盼，终于盼到了这一天。我们都是黄河上的船夫，昨天晚上连夜搭起了这座浮桥，请闯王放心过河吧！"

闯王听了这番话，心里十分感动，谢过他们之后，就立刻带着大军顺利地渡过了黄河。

李自成正是时刻惦记百姓的安危，关心天下苍生，才能在碰到困难的时候得到百姓的支持，最终顺利解决困难，渡过难关。

原文

故曰：畜恩不倦，以一取万。语曰："积恩不已，天下可使。"此道德之略也。(《反经》)

译文

所以说：平时对将士施恩不倦，战时就能够以一胜万。俗话说："不停地积恩施德，天下的百姓就能为我所使。"这就是道德的战略作用啊。

解读

作为一个管理者，身边若是没有一两个忠诚之士是不行的，所以采用各种方法来获得他人的忠诚，是领导者必须学会运用的策略。历史上许多君主都是对部下施与一些小恩小惠却得到了大回报，这实在是一种大智慧。小恩小惠易施，真心部下难求，只要施些小恩小惠就能得到真心卖命的部属，这绝对是一笔好买卖。

案例

康熙与魏东亭

一个管理者，必须要有几个忠诚的左臂右膀。而要获得下属的忠心，则要从小事上关怀体贴他们，让他们感受到温暖，从而让他们对自己尽忠尽责。

康熙皇帝最喜欢微服出巡，探查民间疾苦。他每次出巡，都必须带着保镖护身，其中，他最信赖的人便是魏东亭。

有一次，康熙打算治理黄河，于是来到黄河一带巡视。为了掌握详细的情况，他带着魏东亭微服私访，准备先到现场实地查看一番。在巡视的路上，有几个老百姓和地方小官发生了纠纷，于是，康熙走到人群中去看个究竟。但是在他围观的过程中，不小心挤到了几个恶人，那个恶人作势就要打康熙。康熙皇帝，什么时候受过这种屈辱，眼看恶人正要打来的时候，康熙一怒之下想拔出天子宝剑挥剑斩恶人，但因为微服出巡，所以没有把宝剑带在身上。他转头一看，只见魏东亭早已被这种情况吓傻了，只管呆头呆脑地望着，却不知如何应对。康熙就更为生气了，立刻扬起手，大力的“啪”的一巴掌就是一记响亮的耳光打向魏东亭，说：“主辱臣死，你懂吗？难道要朕亲自动手？”这句话立刻提醒了魏东亭，于是马上出手解围。

那天晚上，康熙准备休息的时候，要了一杯茶，又要了一些点心，但不知为什么，总是心神不定，坐立不安。于是，他只好拿来一本书来看，但读了几页又放下了。他把在外边站岗的魏东亭叫了进来，说：“东亭！你走到灯前来吧！”魏东亭不知康熙又有什么事，心惊胆战地走了进来。因为经过今天这件事，他感觉今时不同往日了，以前他和康熙一同长大，真的是两小无猜，但现在皇帝已经长大了，开始有自己的威严，再加上今天打他的一巴掌，让他感觉自己和康熙已经不再是过去的朋友关系了。

当魏东亭小心翼翼地走近时，康熙动情地说：“快让我看看！”康熙一边看着他红肿的脸，一边说：“朕对下属一向仁慈，今天却无端打了你一巴掌……”

魏东亭听了康熙的话，突然间倍感亲切，一股暖流涌上心头，脸瞬间就涨红了，连忙下跪，说：“主辱臣死，这是奴才的过失！”

康熙又关切地说：“我知道让你受委屈了，有委屈就哭出来吧！哭了就舒服一些！”

魏东亭更紧张了，连忙说道：“不不不，不委屈！奴才怎会有委屈？都怪奴才手脚慢，看着他们冒犯皇上居然只顾待着而不知如何应付，真是罪该万死！”只见他一边说，一边流下了两行眼泪。

康熙笑着说：“还是朕打错了你。”听了这话，魏东亭更是忍不住，泪水鼻涕一起流了出来。

康熙说：“还说没有委屈，看，哭得都控制不了了。”

魏东亭立刻说："没有委屈！没有委屈！奴才只是觉得受主上隆恩，心里万分感激，不知该如何才能报答圣上。"

就这样，康熙细致体察魏东亭的心情，耐心真情安慰一番，使他原有的很多怨气都烟消云散，反而又将他的心拉近了一些，让他更加忠心地做好分内的工作。康熙做的事情并不大，但正是这些一点一滴从小事上的关心，让魏东亭对康熙万分忠心。

原文

晋平公春筑台，叔向曰:“不可。古者圣五贵德而务施，缓刑而趋民时。今春筑台，是夺民时也。夫德不施则民不归，刑不可缓则百姓愁，使不归之民，役愁怨之百姓，而又夺其时，是重竭也。夫牧百姓，养育之而重竭之，岂所以定命安存，而称为人君于后世哉？”平公曰:“善。”乃罢台役。(《说苑》)

译文

晋平公在春天修筑亭台。叔向说:“不可以。古代圣明的君王重视德政并尽力推行，宽缓刑罚并且不误农时。现在春季修筑亭台，这是耽误农时的行为。不施行德政，人民就不归附，刑罚不宽缓，百姓就会有愁怨。驱使不归附的人民，役使愁怨的百姓，又耽误他们的农时，这就是多重压榨。统治百姓，本应该养育他们，现在却多重压榨他们，难道这就是让百姓安身立命、并使后人称颂自己是明君的办法吗？”晋平公说:“说得好。”于是就取消了修筑亭台的工程。

解读

君主如果只是为自己着想，甚至是和百姓对着干，干扰百姓的日常生活，这样就会使百姓产生怨恨，其结果就是与百姓离心离德，统治就会分崩离析。所以要想使百姓归附，一定要施德政，减刑罚，行宽缓之政。

案例

文王兴周施仁政

周文王姓姬名昌，是季历的儿子。在季历死后，姬昌继位，史称文王，即“文明之王”。文王继位后，立志要发展壮大周国，便认真遵循后稷、公刘祖训，大兴农耕；并效法父辈的行为，笃仁、敬老、慈幼。他礼贤下士，广泛结交；施行仁政，为民谋利。

文王明白身教重于言教。他自己生活俭朴，饮食简单，言行举止皆端庄，还经常下地和百姓一起耕种，深得周人爱戴。他施行仁政，先从发展经济着手，如大力推行地租税，把农民的田地划分为公田和私田，九分之一为公田，收获归国家；剩下的则是私田，收获归农民自己所有。这其实就是最早的井田制，使得农民从奴隶状态解放了出来，大大提高了他们生产的积极性。同时，他还下文规定：商人之间的来往不收取关税市税，河泽捕鱼也不予禁止，把私田分给官员作为俸禄。这一系列经济政策大大促进了经济的发展，给周人带来了实实在在的利益。

他还大力推行仁政，在政治上颁布了两条法令。一是“罪人不孥”。即一个人犯罪，家人不需要连坐。因为按照夏朝或商朝的政治制度，一个人犯罪，全家都要受罚，妻子儿女统统沦为奴隶。他坚决反对这种酷刑，也因此而深受周人拥护。另一条是“有亡荒阅”，也就是逃亡的奴隶必须由奴隶主找回去。乍一看，好像这是在维护奴隶主的利益，但实际上，逃亡到周国的奴隶，如果文王不帮助寻找，奴隶主是根本找不回他们的。所以，大批逃亡到周国的奴隶，摇身一变就成为农奴了。这是一条有利于解放奴隶的仁政。

不仅在政治上，文王在文化上也坚持施行仁政。他鼓励百姓讲文明、懂礼貌，提倡孝道、和睦，鼓励团结互助、勤俭节约等，他还非常重视道德修养。当时的周国已经有了文学和文人。文王对待贤人和下士也是以礼相待。当然，这里的“士”指的是记史的文人和祭祀的巫人。当时周人流行请巫人占卜行事。凡祭祀天地、鬼神、祖先等，都离不开巫人。巫人的社会地位非常高。史官负责记载历史，他们的工作为《史记》和《诗经》编写和整理留下了许多资料和素材。此外，文王还崇尚科学，推行把夏历应用在农事上。应该说，周人对夏历的继承和发展，是和文王的重视分不开的。

文王的仁政，从本质上来说，是对奴隶制的一种创新，这相对于当时还在盛行的奴隶制来说，已经是非常先进了，极大地推动了社会进步，得到了人民的热烈拥护。所以，后来当文王要建筑高台的时候，庶民们像儿子帮助父亲做事那样踊跃，于是很快就竣工了。

文王施行仁政还在社会上产生了很好的影响。当时孤竹国的伯夷、叔齐等部族都主动前往周国归顺，而太颠、闳夭、散宜生、鬻子、辛甲大夫等国或部族人也主动请求归附。当时，虞国和芮国因为一块土地而引起了争执，互相争斗了好些年。有一天，两国的国君约定前往周国去请文王裁决。当他们走进周国的国境时，他们所看到的场景让他们大为惊讶，只见在田里耕地的人互相让地边，路上的行人互相让中间。当他们来到城里时，只见路上老人有人扶，小孩有人搀。当走进庭堂时，小官大官互相让座位。看到这些场景，两位国君非常的感动，羞愧地说："我们是小人，不配坐庭堂，不配见文王。"于是，他们没见到文王就羞愧地走了，从此两国和睦相处，再也不去争那块土地了。

周文王在位时间达五十年，他因施仁政而兴周国，为推翻殷商、建立西周王朝做好了充分的准备。他正是靠着广施仁政才得到天下人的支持和拥护的。

原文

齐桓公北伐山戎氏，其道过燕，燕君逆而出境。桓公问管仲："诸侯相逆，固出境乎？"管仲曰："非天子不出境。"桓公曰："然则燕君畏而失礼也。寡人不道，而使燕君失礼。"乃割燕君所至之地，以与燕君。诸侯闻之，皆朝于齐。诗云："靖恭尔位，好是正直，神之听之，介尔景福。"此之谓也。（《说苑》）

译文

齐桓公攻打北方的山戎，途经燕国。燕国国君出国境迎接，桓公问管仲说："诸侯相迎一定要出国境吗？"管仲说："不是迎接天子，不出国境。"齐桓公说："这样说来，燕国国君是因为怕我而失礼了。这是由于我没有道义，才使他失礼。"于是就把燕君出迎所到的土地割让给燕国。诸侯听说这件事，都来齐朝拜。《诗经》上说："靖恭尔位，好是正直，神之听之，介尔景福。"说的就是这类事情。

解读

齐桓公是春秋时期的第一位霸主，但他实行的并非都是霸道。在国内他鼓励百姓生产，发展商业，让人民富起来。这次对外就是以德服人，正因为此，才得到各路诸侯的信任，才能九合诸侯，称霸天下。

案例

诸葛亮七擒孟获

一个人的德行力量是无形无限的，因为无形，所以强大、无所不在，受其恩泽或感其仁德的人，随时都可能化成一支无形的力量，帮他渡过难关，成就大业。

三国时期，西南蛮王孟获带兵从南方边境侵犯蜀汉，孔明决定亲自带兵平定西南。当时的云南还处于未开发状态，地形复杂、瘴气弥漫、传染病盛行。他知道，就算这场战争打赢了，如果南蛮心有不服的话，以后也只会变本加厉，将成大患。

于是他带着五十万大军，从蜀地翻山越岭来到云南。当孟获得知诸葛孔明来了，便让三洞元帅出兵与孔明交战，诸葛亮以智取胜，并生擒了蛮兵和洞主，诸葛亮亲自帮他们松绑，并赐予酒食和衣服，还叮嘱他们回去后安居乐业，不要再造反了。

孟获得知这一情况，大为愤怒，立刻带兵进攻。可是，孟获大军的一举一动好像都在孔明的掌握之中。他的军队很快就中计溃败了，但无论他往哪里逃，孔明都已经设好埋伏。最后，孟获被逼到一条小路上，他只好弃马逃跑，结果又中了孔明的埋伏被活捉。

当孟获被押到诸葛亮面前时，他很不服气。孔明看他不服气，就说："你不服气，那我就放你回去吧。"

诸葛亮的这一决定让将领们非常不理解，他笑着说："抓孟获是很容易的事情，但只有让他心服口服，南方才能真正实现安定。"

于是，孟获很快逃回去整理军队准备再次进攻。但是其中很多蛮兵蛮将都受过孔明的不杀之恩，他们本来就是受孟获所逼才起兵造反。于是，便生擒了孟获去投靠蜀汉。但这次孟获仍然不服气，说："这次是我的部下背叛我，并非你抓到我，我怎么服气！"于是，孔明又把他放了。

就这样，孔明前后六次抓到孟获，但每次他都不服气，认为是孔明在耍诡计，而非以实力胜他，结果孔明又都放他回去。

最后，孟获请来会施法术的木鹿大王来助阵，但很快就被孔明的秘密武器——红油柜车十辆，里面装有一百口木刻的彩色巨兽打败了。于是孟获又请来刀枪不入、遇水不沉的"藤甲军"来帮忙，把蜀兵打败了。这下，将领们都劝说孔明早点班师回都，但他却一点都不为所动。

他命令蜀军把藤甲军引入一山谷，并丢下了粮车和十辆黑油柜车就藏了起来。山上的士兵立刻推下横木和巨石把藤甲军前面的路挡住了，后面的十辆黑油柜车忽然间着火了，而且里面还装满了火药。

于是藤甲军大败，孟获又一次被抓到了孔明面前。这一次，孔明没有见他，而是命人给他送去酒食给他压惊，并派人告诉他说："我们丞相不好意思再见到你，让我放你走，叫你整军来一决胜负。"

孟获听了，感动地流泪说："七擒七纵，这是从来没有的。尽管我是个蛮人，但也不是完全没有羞耻心。我对你们丞相心服口服，南蛮人将永远不再反叛！"

孔明正是凭借着智慧和广博的胸怀，才收服了南蛮王的心，也平定了蜀国边境。

原文

武王克殷，召太公而问曰:“将奈其士众何？”太公对曰:“臣闻爱其人者，兼屋上之鸟；憎其人者，恶其余胥。咸刈厥敌，使靡有余，何如？”王曰:“不可！”太公出，邵公入，王曰:“为之奈何？”邵公对曰:“有罪者杀之，无罪者活之，何如？”王曰:“不可！”邵公出，周公入，王曰:“为之奈何？”周公曰:“使各居其宅，田其田，无变旧新，惟仁是亲，百姓有过，在予一人。武王曰:“广大乎平天下矣。凡所以贵士君子者，以其仁而有德也。”(《说苑》)

译文

周武王征服了商朝以后，召见姜太公，向他请教道:“对于商朝的士人和老百姓该如何处置？”太公回答道:“我听说，爱护某一个人，连他屋上的乌鸦也一起爱护；讨厌一个人，往往连附属小官吏也一起讨厌。把商朝的臣民通通杀光，叫他寸草不留。怎么样？”周武王说:“不能这样！”太公出去后，邵公进来，周武王又问他同一个问题。邵公建议道:“有罪的就杀掉，没罪的让他留下来，怎么样？”周武王还是认为不妥。邵公出去后，周公进来，周武王又问周公。周公回答道:“让他们照老样子过活，住在自己的屋子里，耕自己的田；不用改变旧有的东西，只要亲近仁者；百姓如果犯了过错，就要引咎自责。”周武王赞美道:“多辽阔的心胸啊！可以平定天下了。自古以来之所以尊重士君子，就因为他有仁爱的美德呀！”

解读

征服了一个国家，该如何对待他们的老百姓呢？对于这个问题，周武王和周公旦做了很好的处理，那就是实行仁政，还是照以前的老样子生活。这个道理无论何时都是有道理的。试图杀光或驯服他国百姓，其结果只有失败。

案例

周公教康叔治殷

要管理好征服了的国家的百姓，最好的办法不是杀光，而应该是心怀仁德，对人仁慈，施行仁政，只有这样才能让那里的百姓心服口服。

周公是一个非常仁慈的人，他正是靠着施行仁政，才得到天下英才和百姓的拥护和支持。在他进行分封的时候，他分封小弟康叔为卫君，安排他驻守商，主要负责管理好那里的商代遗民。当时，他并没有让康叔派大批的军队去杀害那里的遗民，而是告诉年幼的康叔要施行仁政，让那里的百姓过上好日子，只有这样，才能够让商代遗民真正地归顺周朝。他说："商之所以会灭亡，正是因为纣王不知节制地酗酒，并沉迷于美色，以至于朝纲混乱，诸侯举旗反抗"，并深切嘱咐他，"在你到达了殷后，要做的第一件事情应该是拜访那里的贤人和老者，向他们谦虚请教商前兴后亡的原因和经验教训；第二件事情就是要爱民如子，对他们施行仁政。"嘱咐完后，他还不放心，又把对康叔说的一番话写成了三篇文章，分别是《康诰》《酒诰》《梓材》，并作为管理法则送给了康叔。在康叔到达殷后，他时刻把周公的嘱咐挂在心中，不仅严格要求自己，生活简朴，注重节制，注意自己的一言一行，还爱民如子，时刻关心百姓的生活，让当地的百姓过上了安居乐业的生活。因此，商民并没有对他们心怀不满，反而还称颂不已。

康叔正是时刻将周公的嘱咐记在心中，施行仁政，才让商遗民臣服，真诚归顺。周公也因此而成为后世为政者的典范。孔子的儒家学派，一直把他的人格推崇为最高典范，把他的仁政视作为最高的政治理想。

原文

中行穆子围鼓，鼓人有以城反者，不许。军吏曰:“师徒不勤而可得城，奚故不受？”曰:“有以吾城反者，吾所其恶也，人以城来，我独奚好焉？赏其所甚恶？是失赏也，若所好何？若不赏，是失信也，奚以示民？”鼓人又请降，使人视之，其民尚有食也，不听。鼓人告食尽力竭，而后取之。克鼓而反，不戮一人。(《说苑》)

译文

中行穆子围攻鼓国，有一个鼓国人凭着城池要叛变投诚，中行穆子不接受。手下的军官说:“不出动军队就可取得城池，为什么不接受呢？”中行穆子说:“如果有人凭着我的城池去叛变投诚，这是我所最憎恶的；如今人家凭着城池叛变投诚，我怎么能喜欢这种行为呢？奖赏自己所憎恶的，这是失掉奖赏的意义，对所喜欢的又将怎么处置呢？如果不奖赏，这是失去信用，将用什么向百姓交待呢？”鼓国人又请求投诚，中行穆子派人去察看，他们的百姓还有饭吃，仍然不答应。直到鼓国人报告说东西吃完、力气也没有了之后才取下城池。中行穆子攻下鼓国就回来了，没有杀掉一个人。

解读

讲仁德就要讲信用，不是仁德的事，若对自己有利，要奖赏不？如果奖赏，那奖赏就失去了意义；如果不奖赏，那就失去了信用。所以就不要去认同不仁德这件事，这就是做事的基本原则。

案例

鲈鱼的故事

一个仁德的人，当面对道德和个人利益发生冲突的时候，如果为了个人利益而抛弃道德的话，就违背了做人做事的基本原则，也就不是一个有道德的人。

小詹姆斯一家住在湖泊的一个小岛上，他家房前的船坞是个钓鱼的好地方，他的爸爸是个钓鱼高手，小詹姆斯非常喜欢和爸爸一起去钓鱼。

有一年，正是钓翻车鱼的好时节，刚好按照规定，从第二天凌晨起就允许钓鲈鱼了。晚饭过后，小詹姆斯和爸爸又来到湖边，他们娴熟地把蠕虫挂在鱼钩上，蠕虫是翻车鱼最爱吃的虫子了。挂好后，小詹姆斯按照爸爸教的方式，把鱼钩丢到平静的湖水中。

渐渐地，月亮偷偷地探出了头，银白色的水面渐渐泛起层层波纹。突然，小詹姆斯手中的的鱼竿猛地被拉弯了。呵，好大一条鱼，小詹姆斯心中暗暗想到。他深呼吸了一下，让自己镇定下来，然后慢慢地遛那个大家伙。他的爸爸则没有作声，只是不时地回过头来看看自己的儿子，眼里露出赞许的眼神。

一小时，两小时，那个大家伙终于被小詹姆斯遛得筋疲力尽了。于是，小詹姆斯开始慢慢地回收鱼钩了。那个大家伙在小詹姆斯的动作下，一点点地从水中露了出来。当那个大家伙终于被小詹姆斯用力提出水面，甩到地上的时候，他的两个眼珠子都快掉到地上来了：这条鱼足足有二十斤重啊！他可从来没有看过这么大的鱼啊！他努力克制着自己心中紧张和兴奋的心情，认真观察自己的战利品。突然，他惊讶地发现，这并不是一条翻车鱼，而是一条鲈鱼！

小詹姆斯望着爸爸，爸爸显然早已发现了这个情况，于是他看着自己的儿子。小詹姆斯又蹲下来，仔细地看了看，只见这条鲈鱼在草地上翻滚着自己银白色的身体，鱼鳃不停地扇动着。爸爸掏出口袋里的火柴，划燃了其中一根，借着微弱的灯光，他照了照手上的手表，时间正是晚上 10 点，离钓鲈鱼的时间还整整差两小时。

爸爸看着小詹姆斯，语气坚定地说：“孩子，现在还没到钓鲈鱼的时间，你要把它放回去。”

“不，爸爸！”小詹姆斯大声叫了起来。

“放了它，你还可以钓到其他的鱼。”

“可是怎么可能又钓到这么大的鱼啊？”小詹姆斯立刻说道。

说完，他向四周望了望，在平静的月色下，没有一条船，也没有其他的垂钓者，根本就不会有人发现这件事情啊。他又可怜巴巴地望着自己的爸爸。

但他的爸爸没有再说一句话。他明白，这件事情是没有回旋的余地了。

他紧紧闭着眼睛，大颗大颗的泪珠滚了下来。哭了一阵后，他的爸爸还是不为所动，小詹姆斯没有办法，只好弯着腰小心翼翼地把鱼钩摘下来，用两只手把那只肥大的鲈鱼捧起来，然后依依不舍地把它放在了水中。

看到小詹姆斯的行为，他的爸爸非常欣慰。他摸着小詹姆斯的头，说：“道德问题看起来虽然简单，但是当我们面对巨大的诱惑的时候，你是否还能坚持道德呢？只有在这种情况下，你还能坚守自己的立场，才能真正称得上是有德行的人。”

原文

虞人与芮人质其成于文王。入文王之境，则见其人民之让为士大夫；入其国，则见其士大夫让为公卿；二国者相谓曰:“其人民让为士大夫，其士大夫让为公卿，然则此其君亦让以天下而不居矣。”二国者，未见文王之身，而让其所争，以为闲田，而反。孔子曰:“大哉文王之道乎！其不可加矣！不动而变，无为而成，敬慎恭己而虞芮自平。”故书曰:“惟文王之敬忌。”此之谓也。(《说苑》)

译文

虞国人和芮国人要去周文王那儿互争自己的利益。他们进入文王的境内，就看到他的百姓向士大夫礼让；进入文王的京城，就看到他的士大夫向公卿礼让。两国人就相互说道:“他的百姓向士大夫礼让，他的士大夫向公卿礼让，既然这样，那么他们的君主也会把天下礼让给别人的，而自己不当君主了。”两人没有见到周文王本人，就礼让他们所争的土地并转头回去了。孔子说:“真了不起，文王的德化啊！恐怕没有比文王的德化更伟大的了！他不要有所举动，而百姓随之变化；他不要有所作为，而事业随之成功；他慎之又慎、恭敬克己，虞芮之争自然平息。”所以《尚书》上说:“只有文王才能做到谨慎顾忌。”讲的就是这个意思。

解读

如何影响别人，要靠道德。周文王之所以成为后代的圣人，就是因为他是靠道德感化而行事的，所以孔子才说没有比文王的德化更伟大的了。正因为德化感染了大家，所以才有了周武王登高一呼，八百诸侯会盟津，一举消灭商纣。

案例

芦衣顺母

要影响一个人，最有效的途径是靠道德的感化。春秋时期，鲁国有一个名字叫闵损的少年，出生在一个贫寒的家庭中，由于他的母亲很早就去世了，所以没有母亲疼爱的他，童年生活非常的孤苦。后来，他的父亲闵公娶了一个继母，才让他的生活有所改变。一开始继母对闵损还比较关爱，但当她自己生了一个儿子后，就慢慢地发生了变化，她的眼里只有自己的孩子，而对闵损就比较冷淡了，甚至还处处刁难他。要是闵损的父亲在家倒还好，要是父亲不在家的话，继母对闵损就非常差了，不仅让他看着弟弟，还叫他把家里所有的脏活累活都干掉。但是，闵损却非常听话懂事，对于继母的改变并无怨言，总是默默地把继母吩咐他的活干好，还非常疼爱那个小弟弟，小弟弟和他也非常亲密无间。

有一年冬天，闵损的父亲从遥远的地方做完生意回来，一家人开心地团聚在一起。闵损给他刚进门的父亲端上了一碗热水，但他却因为身上衣服穿的不够，浑身哆嗦个不停，以致碗中的水竟然洒了一大半。在一旁的继母立刻数落了他几句，又叫小儿子端上一碗热水来。闵损的父亲看到这种情形，心里非常不开心，于是也训斥了闵损一番。

有一天，吃过饭后，闵损的父亲叫他们兄弟两个一起赶着马车去拉货。一路上寒风凛冽，闵损冻得直缩成一团。他的父亲见他明明穿着厚厚的棉袄却还这副样子，心里非常生气，大声教育道："你弟弟穿的还没你多，也没见他冷成你这个样子，你是不是冻死鬼投胎啊。"说完，又扬起手中的鞭子抽到了他的身上。弟弟见状，立刻扑到了哥哥身上。于是，他的父亲又重重地抽在了闵损身上。这一下，闵损的棉袄被打破了，片片芦苇花从衣服的破洞中飘洒了下来，他的父亲一愣，很快就明白了过来：原来是狠心的继母竟然这样虐待自己的儿子。

当他的父亲带着他们拉完货后，他立刻写下了一封休书把自己的妻子给休了。他的妻子直接跪在地上求饶，但闵公却说："你的心肠太狠了，是绝不可原谅的！"

看到母亲这样，闵损和他的弟弟也连忙跪在地上求饶，但他的父亲却还是不肯原谅她。于是，闵损开口说道："孩儿请求父亲息怒，您就饶了母亲这一回吧，要是家里没有母亲，这个家也就不像一个家了，更何况，人们常说母在一子单，母去三子寒。要是父亲不肯答应的话，孩儿绝不起来！"说完，他就和自己的弟弟磕头向父亲求情。听着闵损合情合理的一番话，看着几乎要昏倒的妻子，闵公的心肠软了下来，叹口气无奈地说道：罢了，罢了，你们都下去吧。

闵损和弟弟立刻扶起母亲出来了，这时才如梦初醒的母亲，抱着两个儿子痛哭失声，她万万没想到，自己这样对闵损，他居然还会为她求情。从此，被闵损感化过来的母亲对他是又敬又爱，而他的弟弟对兄长更是敬重有加，他们一家也成了一个和睦美满的家庭。

面对继母的虐待，闵损不仅没有指责，反而在关键时刻为她求情，充分说明闵损有一颗宽厚、仁慈的心，而他也正是因此而使他的继母得到感化，一家人过上幸福快乐的生活。

原文

邾文公卜从于绎，史曰:“利于民而不利于君。”邾子曰:“苟利于民，孤之利也。天生民而树之君，以利之也。民既利矣，孤必与焉。”左右曰:“命可长也，君何弗为？”邾子曰:“命在养民。死之短长，时也。民苟利矣，迁也，吉莫如之！”遂迁于绎。(《说苑》)

译文

邾国国君占卜准备迁都到峄山，史官说:“迁都对百姓有利，对国君不利。”国君说:“如果对百姓有利，那就是对我有利。上天创造了百姓并为他们确立了国君，以此来使百姓得利；百姓得利了，我的利益一定在其中！”侍从说:“不迁都的话，国君的寿命可以延长。国君为什么不这样做呢？”国君说:“我的责任在于统治百姓，寿命的长短，只是个时间问题。百姓如果得到利益了，还有什么比这个更吉利的呢？”于是，邾国迁都到峄山。

解读

一切利益都要以人民为根本。一个国家不要只是为一个君主而服务，这样的国家只会更早灭亡。所以只要人民好了，国君自然就好了。如果人民都遭殃了，那国君就算好，也只是一时的。

案例

大禹治水

要治理好一个国家，就必须要为百姓谋利益，让他们过上安居乐业的生活，只有这样，才能得民心，获得群众的支持和拥护，进而打牢统治阶层管理的根基，实现国家的长治久安。

古时候，由于水利设施落后，经常一到雨季就洪水泛滥，为了让老百姓能过上安定的生活，舜帝派大禹去整治洪水。

为了治理好洪水，大禹废寝忘食，一心扑在了河道治理上，这一去就是十三年。为了早日治理好洪水，使百姓免受洪水泛滥之苦，他在治理洪水的十三年中，“三过家门而不入”，获得了百姓的赞誉。

第一次过家门而不入是在他治理洪水四年后的一个早晨，当大禹走近家门准备推门而入时，妻子的骂声和儿子的哭声从门内传来，大禹听了，心里非常焦急，连忙想进去劝解，可又转念一想，妻子正在气头上，自己几年没有回家，怕更是会惹恼了妻子吧，要是妻子一唠叨起来没完没了，肯定是要耽搁治水的时辰了，这样一来，又不知有多少百姓要遭殃了。于是，一个人悄悄地离开了。

第二次过家门而不入是发生在他治水六七年后。大禹第二次经过家门的时候正是中午，当大禹刚登上家门口的小丘包，就看见袅袅炊烟从自家的烟囱里冒出来，随之，妻子和儿子的欢笑声也传了过来。见此情此景，大禹放心了。为了早日完成治水大业，他再一次绕过家门，奔向了治水一线。

时间飞逝，转眼又过了三四年。一天傍晚，大禹随着治水工程的安排来到了家附近。这个时候，天空中突然下起了滂沱大雨。无奈之下，大禹只好迅速跑到自己家的屋檐下避雨。正想着要不要进门的时候，他听见屋子里的妻子在对他儿子说：“等你爹爹治好了洪水，他就能回家了。”听到这番话，大禹的内心非常受触动，暗暗握紧了拳头，更坚定了治水的决心，于是又立刻转身上路了。

大禹正是凭借着这种大公无私的精神，解除民众受水患所苦，其崇高行为受到了老百姓的赞扬，也使其为舜所重视。所以，舜在晚年，毫不犹豫地举荐禹为继承人，并把首领的位置禅让给了他。而他在继位后，也是始终坚持这种时刻把群众利益放在心中的理念，才让人民过上安宁的生活，而他自身也获得了人民的长期拥护，巩固了自己的首领地位。

原文

足寒伤心，人怨伤国。山将崩者，下先隳；国将衰者，民先弊。根枯枝朽，民困国残。(《素书》)

译文

脚下受寒，心肺受损；人心怨恨，伤害国家政权。大山将要崩塌，根基会先毁坏；国家将要衰亡，人民先受贫困。树根干枯，枝条就会腐朽；人民困窘，国家将会残破。

解读

这里用了许多比喻来说明国家和人民的关系，二者是不可分割的，要想国家富强，就要人民富强，只要人民生活富裕了，那国家自然就会繁荣昌盛。反之，则国家就会衰败，以致灭亡。所以，一定要行德政，这样才能得善果。

案例

隋衰唐盛的故事

隋朝末年，隋炀帝从一个励精图治的皇帝变成一个骄奢淫逸的人，他喜欢向西域各国炫耀夸富，因此四处搜罗奇珍异宝；又酷爱游玩，在他在位的短短十四年时间里，他巡游了十一年，而每到一处，都要求当地百姓大修行宫；他好大喜功，三次出兵征讨高句丽，结果都损失惨重，无功而返。为了满足他的这些欲望，他横征暴敛，几乎年年都征发繁重的徭役，让百姓苦不堪言。在这种大环境下，基层官吏更是趁机欺上瞒下，征敛无度，民夫转输不息，徭役无期，士卒多列沟壑，骸骨遍及平野。只见黄河之北，千里无烟；江淮之间，则成蒿莱。再加上灾害连年，使得谷价倍增，百姓生活在水深火热之中。

隋炀帝的暴政激起了民愤，农民顺势揭竿而起，打算推翻隋朝的统治。在公元 614 年到 617 年之间，农民起义的风暴已席卷了全国大部分地区，先后在各地兴起的起义军，大大小小超过 100 支，参与农民起义的人数达数百万。很快，隋朝就在李渊率领的军队的攻打下灭亡了。

李渊去世后，他的次子李世民登上了皇位，也就是唐太宗。唐太宗亲身经历了隋末的社会大动荡，亲眼目睹了隋朝覆亡的整个过程，这对他的政治思想产生了极大的影响。

所以，他登基后，经常把大臣们召集在一起，共同讨论历代王朝的兴衰和治国的方针政策。他们一致认为，隋炀帝身死国灭是因为“徭役无时”“干戈不戢”，从而导致“民不堪命”，所以农民才会起义反抗。当时，他的谏臣魏徵还在著名的《谏太宗十思疏》中写道：“怨不在大，可畏惟人。载舟覆舟，所宜深慎。”这句话说的是：怨恨不在于大小，可怕的只在人心背离。水能载舟也能覆舟，所以要高度谨慎。

唐太宗对这一观点十分赞赏。所以，在君臣商讨国家的治理问题时，他多次引用了这一观点并加以发挥，还在《论政体》一文中这样写道：“君，舟也；人，水也；水能载舟亦能覆舟。”

唐太宗正是认真吸取隋朝灭亡的教训，所以，非常注重关心老百姓的生活。在他即位之初，就下令轻徭薄赋，让老百姓休养生息。而且，他还非常爱惜民力，轻易不征发徭役。不仅如此，他还严格要求自己生活简朴。尽管他患有气疾，不适宜在潮湿的旧宫殿里居住，但还是坚持在隋朝的旧宫殿里住了很长一段时间。

在唐太宗的带领下，全国上下一心，国家很快就得到了大发展。到贞观九年（635 年），牛马遍野，百姓丰衣足食，夜不闭户，道不拾遗，举国上下出现了一片欣欣向荣的升平景象，开创了“贞观之治”。唐太宗正是由于深刻借鉴隋朝灭亡的原因，坚持以民为本的思想，实施惠民政策，才让国家富裕强大起来。

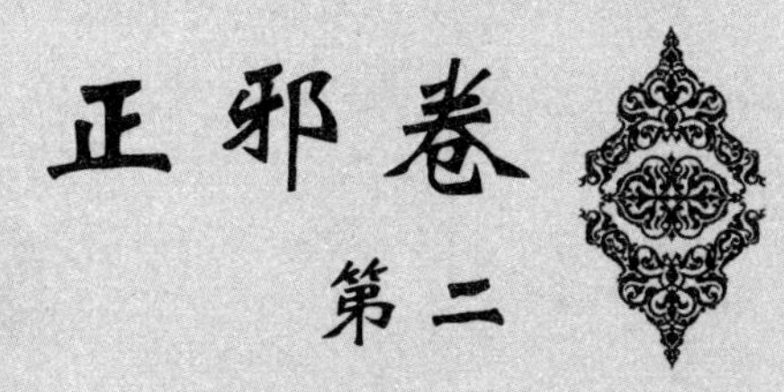

正邪卷

第二

原文

楚昭王之时，有云如飞鸟夹日而飞，三日。昭王患之，使人乘驲，东而问诸太史州黎。州黎曰："将虐于王身，以令尹、司马说焉，则可。"令尹、司马闻之，宿斋沐浴，将自以身祷之焉。王曰："止，楚国之有不谷也，由身之有匈胁也，其有令尹、司马也，由身之有股肱也。匈胁有疾，转之股肱，庸为去是人也。"（《说苑》）

译文

楚昭王的时候，有云朵像飞鸟一样，随着太阳飞了三天。楚昭王颇为担忧，赶紧派人骑驿马到东方去问太史州黎。州黎说："不好了！这个灾祸将要降临到大王的身上，不过，拿令尹和司马当替身就不要紧。"令尹和司马听到这件事后，就赶紧斋戒沐浴，想用自己的身体去祷告天地神祇，然后自杀，好替楚昭王禳除灾殃。楚昭王说："别这样做！楚国有我，就好像人身有胸肋一样；至于令尹和司马，就好像人身有大腿和手臂。胸肋有病痛，转移到手脚上，也一样是病痛，病痛怎么会离开身体呢。"

解读

在古代是讲求天人合一的，由于科学不发达，所以迷信天上的事会影响人间，所以才有了这个故事。天上有了邪气，要由地上的人来承受，但楚庄王用身体的比喻来化解了这一用邪治邪的不当之法，可谓明理之君呀！

案例

战争的启示

《老子》上有这样一句："善者，吾善之；不善者，吾亦善之，德善。"说的意思是，要用善良来对待善良之人，对恶的人，也应以善良对待之，这样才能让他得到感化，如果只是以恶对恶的话，只会形成恶性循环。

2001 年 9 月 11 日那天，恐怖分子劫持了 4 架民航客机，并开着这 4 架飞机去撞击美国纽约世界贸易中心和华盛顿五角大楼。这使得包括美国纽约地标性建筑世界贸易中心在内的 6 座建筑被完全摧毁，其他 23 座高层建筑遭到破坏。这次事件造成 3201 人遇难，大楼倒塌后，仅救出 3 名幸存者。

为此，自诩为"反恐英雄"的美国总统小布什，和他的支持者一道，打着世界和平的口号，先后发动了两场战争。一是由于塔利班政权拒绝交出恐怖头子本·拉登而发动了阿富汗战争；二是借着萨达姆政权拥有大规模杀伤性武器以及伊拉克政府有践踏人权行径的借口发动了伊拉克战争。

这两次战争带来的直接后果是：恐怖分子时不时公开露面，扬言要发起更多的恐怖袭击，挑战小布什，还使得战后的伊拉克像磁铁一样，把整个穆斯林世界的很多极端主义分子吸引了过来，他们打着抗击美国侵略军的旗号和当地反美的力量结合起来，对美军进行不断地骚扰。不仅如此，这两次战争还给两国的人民带来了无穷无尽的灾难。在阿富汗，被炸死的无辜平民百姓的人数已经远远超过了"9·11"死难者的人数。而在伊拉克，更是到处都在发生平民伤亡，伊拉克人民也生活于水深火热之中。

这两场战争的出发点是为了制裁恐怖分子的残暴行径，但却采用了以恶制恶、以暴易暴的办法，结果不仅使恐怖分子变得更为嚣张，还给无数无辜百姓带来了巨大的伤害和灾难。由此可见，以恶制恶，其结果只能是陷入恶性循环，永无宁日。这种粗暴的方法应该尽量避免。

原文

齐人弑其君，鲁襄公援戈而起曰:“孰臣而敢杀其君乎？”师惧曰:“夫齐君治之不能，任之不肖，纵一人之欲，以虐万夫之性，非所以立君也。其身死，自取之也。今君不爱万夫之命，而伤一人之死，奚其过也？其臣已无道矣，其君亦不足惜也。”（《说苑》）

译文

齐人弑杀了他们的国君，鲁襄公在朝堂上听到了这个消息，拿着戈猛然站起来叫道:“哪一个臣子敢谋杀自己的国君？”师惧接口说道:“那齐君领导无方，任用小人，放纵一己的欲望去凌虐万民的性命，已经失去了设置人君的本意；他的杀身之祸，可说是自己招来的。如今国君您竟不痛惜万民的生命，反而哀悼一个人的死亡，这是极端错误的！固然谋弑的臣子无道，而那样的国君也不值得惋惜呀！”

解读

臣子弑君是反叛之事，但是如果国君是个倒行逆施之人，那就不要轻下判断，双方也许都有责任，这时如果想干预，就要思想是不是值得，或者该用什么好的办法来处理此事。

案例

武王伐纣

古语有云：君视民如手足，则民视君如心腹；君视民如草芥，则民视君如寇仇。如果一个国君英明，那么臣子有拥护服从他的义务；但如果国君昏庸无度、倒行逆施，引起臣子和百姓的不满而导致杀身之祸，往往也是咎由自取了。

商朝末年，帝乙死后，他的儿子辛继承王位，而辛就是著名的暴君商纣王。商纣王自小聪慧过人，博闻强识，在一开始，他勤于朝政，曾亲自出征平定东夷，并把中原的文化带到了江淮地区。但很快，他就被胜利冲昏了头脑，整日只知道贪图享受，追求荒淫无道的生活。

他非常宠幸妖妃妲己，为了淫乐享受，他命人日夜监工，驱使大批奴隶在朝歌建造了一座非常富丽堂皇的宫殿，宫殿有千尺高，占地三里，并取名为鹿台。不仅如此，他还四处搜罗奇珍异宝、名犬骏马、奇花异草来扩充整个宫殿，并仿照暴君夏桀建造了一座“酒池肉林”，让一群男女赤身裸体地在酒池肉林追逐嬉戏，通宵达旦地喝酒作乐，早把国家大事抛在了九霄云外。

为了填满他欲望的沟壑，他横征暴敛，强拉老百姓服劳役造鹿台，加重税收来敛财，逼迫百姓日夜到深山老林之中猎取野兽以满足他的口欲，以致举国上下民怨沸腾。不仅如此，他还视人命如草芥，嗜杀成性。有一次，他和自己的爱妃妲己在鹿台上观看景色，恰好一名孕妇从台下经过。妲己就故意问纣王说：“大王，你猜她肚子里怀的是男孩还是女孩呢？”纣王说是女孩，但妲己却坚持说是男孩，还说要剖开这个人的肚子来看一看究竟。于是，这个可怜的孕妇就被抓起来当场杀害了。

商纣王的暴虐行为引起了广大奴隶和平民的不满，奴隶逃亡和平民起义的事件连连发生。而多次劝谏的大臣比干竟然被商纣王给挖了心。朝中大臣人人自危，都躲在家中称病不敢上朝。

在西伯侯姬昌死后，他的儿子姬发继位，即周武王。此时，商纣王的行径已经极大地引起各方不满，而且劝谏已经起不了任何作用了，于是周武王联合各路诸侯讨伐商纣王。很快，商纣王的军队就溃不成军。死到临头，商纣王还不知道反省，命人将宫里的珍宝全部搬到鹿台上，自己身穿绫罗，躺在珍宝中引火自焚了。

周武王伐纣成功，诸侯和百姓都纷纷称赞周武王功德无量，周武王也因此建立了周朝。尽管武王伐纣是以下犯上，但由于纣王的昏庸无道，不知悔改，已经引起天下苍生不满，因此，也不能说武王的行为是不道德的。

原文

司城子罕相宋，谓宋君曰："国家之危定，百姓之治乱，在君之行赏罚也。赏当则贤人劝，罚得则奸人止；赏罚不当，则贤人不劝，奸人不止，奸邪比周，欺上蔽主，以争爵禄，不可不慎也。夫赏赐让与者，人之所好也，君自行之；刑罚杀戮者，人之所恶也，臣请当之。"君曰："善！子主其恶，寡人行其善，吾知不为诸侯笑矣。"于是宋君行赏赐，而与子罕刑罚。国人知刑戮之威，专在子罕也，大臣亲之，百姓附之，居期年，子罕逐其君而专其政。(《说苑》)

译文

司城子罕当宋国宰相，对宋君说："国家的安危，百姓的治乱，在于国君能不能行赏罚。赏得恰当，贤能的人就得到鼓励；罚得恰当，坏人就会绝迹。赏罚如果不恰当，那么贤能的人就得不到鼓励，坏人也不会绝迹。那么坏人就会互相结党营私，专门欺蒙主上，来争夺名利，不可不注意呀！那有关奖赏赐予的事情，是人人喜欢的，就由国君自己来做吧！至于刑罚杀戮的事情，是人人讨厌的，让我来执行好了。"宋君说："好！就这么办。由你去做坏人，主持惩罚；我来当好人，只管奖赏。这样做，一定不会被天下诸侯笑的。"子罕专门搞刑罚的事，宋君落得做个老好人，一切都推托到子罕身上。国人知道刑罚杀戮的大权都操在子罕的手中，于是大臣们都亲近他，百官们也都归附他。只过了一年，子罕就驱逐国君，独揽起宋国的政治大权。

解读

作为主事之人，要把握住事情的关键所在。至于赏罚之事，不能只有奖赏，这样虽然大家都说你好，但是假如你一不奖赏了，顿时就会被大家冷落。而惩罚之事，虽让人讨厌，但却是大权在握，让人永远敬畏。所以赏罚之事万不可给予别人。

案例

晋文公赏罚分明

开创晋国霸业的晋文公，非常知道如何驾驭下属，为了让下属心服口服，他紧握赏罚大权，做到赏罚分明，让下属人人信服并敬畏他。

有一年，晋文公发动战争攻打曹国。在这场战争中，有两个人——魏平和颠颉立了大功，所以，晋文公给他们加官封赏，两人也因此成为深受晋文公赏识的大将。受到封赏后的两个人更是对晋文公忠心耿耿。在这场战争中，还有一个人有恩于晋文公，那个人名叫僖负羁，正是由于他的帮助，晋文公才得以顺利攻下曹国。于是，他便下令："三军之中谁都不能动僖负羁家的一草一木，否则，就地问斩，绝不姑息。"

听到这个消息后，魏平和颠颉两个人愤愤不平，十分嫉妒僖负羁。两个人仗着自己的汗马功劳，置晋文公的命令于不顾，偷偷地跑到僖负羁的家中，并跳上屋顶，打算藏在那里，伺机把他抓出来杀掉。可是，很不巧的是，由于屋顶年久失修，已经松动了，根本就承受不了两个人的重量，瞬间就坍塌了，他们两个也跟着掉了下来。房屋内的一根大梁也倒了下来，刚好压在了魏平的胸口上。所幸颠颉没有受伤，便及时把魏平救了出来。偷鸡不成蚀把米，两个人灰溜溜地回到了自己家中。

第二天，有人把这件事情告诉了晋文公，晋文公非常生气，自己的两员大将居然违背自己的命令，实在是太过分了！于是，他打算立刻将二人打入大牢，并斩头问罪。

但晋文公的大臣赵衰则认为这个决定不太妥当，便劝说道："魏平和颠颉两个人骁勇善战，又在战场上立下了汗马功劳，如果因为这件事情就把两个人杀了，实在是太可惜了，更何况，他们杀僖负羁的计划并没有得逞啊。"

但晋文公却说：“之前两个人有功，我已经封赏他们了，现在他们是有罪，就必须受罚。再说了，估计魏平受此一伤，也应该已经残废了，把他们杀了吧！”

赵衰听了，沉思片刻，说：“那就请您允许我去看看他们吧，如果魏平没有残废，是不是可以给他们一个戴罪立功的机会呢？”

晋文公听了，觉得有道理，便点头应允了。

此时魏平正在家中休息，但内心一直惶恐不安，怕被晋文公发觉。听到说赵衰来看他，他忍住疼痛，起来迎接赵衰，而且，为了防止赵衰发现异样，他还施展拳脚，上蹿下跳。赵衰见他确实没有残废，就回去向晋文公禀报了。

晋文公听说他并没有残废，便说：“他没有残废是万幸，尽管我答应了不杀他，但他毕竟是有罪之人，死罪可免，但活罪难逃。”于是，便下令革去他的军职，让他戴罪立功。

晋文公正是充分利用手中的赏罚权力，做到赏罚分明，让全军上下都钦佩不已。

原文

太子商臣怨令尹子上也。楚攻陈，晋救之，夹泜水而军。阳处父知商臣之怨子上也，因谓子上曰：“少却，吾涉而从子。”子上却。因令晋军曰：“楚遁矣！”使人告商臣曰：“子上受晋赂而去之。”商臣诉之成王，成王遂杀之。（《说苑》）

译文

楚国太子商臣怨恨令尹子上。楚国进攻陈国，晋国援救陈国，两军隔着泜水在两岸驻扎。晋军统帅阳处父知道太子商臣怨恨楚令尹子上，就联络子上说：“请你稍微后退，我渡河与你决战。”子上借此机会后退了。阳处父就对晋军宣布说：“楚国军队逃跑了！”他又派人告诉商臣说：“子上接受了晋国的贿赂而撤退了。”商臣向楚成王报告了此事，楚成王便杀掉了子上。

解读

历史上的反间之计很多，而且屡试不爽。如果用正路走不通的时候，不如想些曲折之路来走，但行此策时，一定不要惹火上身，不但烧了别人，也烧了自己。

案例

连环计

面对有些复杂的事情，直接的办法不一定有效，此时若采用反间计往往能取得意想不到的效果。

东汉末年，太师董卓在朝廷上只手遮天，朝野上下敢怒不敢言，人人都想除掉他，但却苦于没有办法。有一天，司徒王允在自己后花园中散步时碰到自己收养的歌女貂蝉，便心生一计，准备利用貂蝉铲除董卓。为报王允的恩情，貂蝉毫不犹豫地答应了。

几天后，王允请巧匠打造了一顶金光璀璨的金冠送给董卓的义子吕布。吕布大喜，立刻来到王允家致谢，酒过三巡，打扮的异常俏丽的貂蝉出来跳舞，让吕布大为喜欢。王允趁机说打算将她送给吕布为妾，几天后将送到他的家中。吕布欣然接受。

过了几天，王允趁吕布不在的时候，又把董卓请到自己家里来。这一次，他同样把貂蝉叫出来起舞助兴，董卓立刻便被貂蝉曼妙的舞姿和美丽的容颜所倾倒。于是，王允又趁机说准备将她献给太师。董卓听了，大喜，再三道谢。酒席过后，王允便立刻命人把貂蝉送到董卓府中，然后再将董卓送回去。

过了几天，吕布前来打探消息，王允便骗他说董卓已经把貂蝉带回去准备让你和她成亲。于是，吕布又跑到相府去打探消息，可是却被告知太师还在与新人共眠，还没有起来。

吕布听了，大怒。有一天，吕布见董卓上朝了，便立刻骑马去董卓家中见貂蝉。貂蝉假意请吕布到后园凤仪亭互诉衷肠，说是自己早已对将军以身相许，但无奈太师起不轨之心将她霸占，还假装要跳入水中自尽。吕布见状，立刻抱住貂蝉。

董卓在殿上不见吕布，心下狐疑，立刻就赶回来了，刚好撞见吕布和貂蝉抱在了一起。于是，立刻过来准备杀吕布，吕布匆忙而逃。这时，貂蝉又立刻向董卓哭诉，说是吕布忽然出现在后花园中，并对她动手动脚，幸好是太师及时赶到，说着，又意欲自尽，董卓信以为真，便立刻制止了。为了防止再生事端，董卓即刻就带着貂蝉还坞。

吕布见车已走，心中十分懊恼。王允见状，假装不知道这一切，又在其中挑拨是非，说太师这种行为是禽兽之行，自己一把老骨头受此侮辱不要紧，将军你盖世英雄，亦受此污辱，实在难容！听到这番话的吕布更是愤怒不已，立刻拍案大叫："誓杀董贼，以雪我耻！"王允借机和吕布商量谋杀董卓的办法。

几日后，对董卓亦心怀不满的汉献帝宣董卓入朝，并让吕布带兵在朝门之内埋伏。当到北掖门的时候，董卓的随从都被挡在门外，只让董卓及其车夫进入宫内。于是，吕布率伏兵一拥而上，将董卓刺死于殿门之前。

王允正是通过离间董卓和吕布的关系，并借着吕布的力量，才成功实现了自己的目的。

原文

晋人已胜智氏，归而缮甲砥兵。楚王恐，召梁公弘曰：“晋人已胜智氏矣。归而缮甲兵，其以我为事乎？”梁公曰：“不患！害其在吴乎？夫吴君恤民而同其劳，使其民重上之令而人轻其死，以从上使。如虏之战，臣登山以望之，见其用百姓之信必也，勿已乎，其备之若何？”不听，明年，阖庐袭郢。（《说苑》）

译文

晋国人已经战胜了智伯，回去后又继续整治甲兵、磨砺兵器。楚王很怕，就召见梁公弘说：“晋国人已经战胜了智伯，回去后又继续整顿武器装备，恐怕是把我们楚国作为下一个攻打的目标吧？”梁公弘说：“不要担心，祸患恐怕在吴国吧？那吴国国主抚恤百姓，并和百姓同劳苦，使他的百姓尊重君主的命令，而百姓也不怕牺牲来紧跟君主，使百姓犹如驯服的奴隶一样上战场。我曾经爬到山上观望他们，看到他们如此利用百姓的信赖，所以进攻别人的野心一定不会停止吧？恐怕要防备的是吴国，你看如何？”楚王没有采纳梁公弘的意见，第二年阖闾果然率兵袭击郢都。

解读

晋国好像是要进攻楚国，但也许是防备楚国进攻，而吴国才是进攻楚国的心腹大患，所以不得不察呀。有些事情不要只看表面的对与错，要看到与其相关的其他事物的发展，并预测好下一步行动。

案例

事情的真相

看待事情，要透过现象看本质，而不能只停留于表面。只有通过认真分析事物的内在，才能够正确的判断事物，并采取正确的办法。

有两个天使在旅行，到了晚上的时候，他们在一个非常富有的家庭里借宿。这家人对他们并不友善，并且拒绝让他们在舒适的客人卧室过夜，而是把他们带到冷冰冰的地下室的一个角落里。两个天使只好铺好床铺准备睡觉。在他们铺床的时候，较老的天使看到墙壁上有一个洞，便立刻顺手把这个洞给补好了。年轻的天使非常不能理解，就问他为什么。老天使只说了一句："有些事情并不是你看到的那样。"

第二天晚上，他们又来到一个非常贫困的农民家庭中借宿。这对主人夫妇对他们相当热情，把自己家中仅有的一点点食物拿出来款待他们，还腾出自己的床铺来给他们两个睡。但是，第二天一大早，两个天使就发现农夫和他的妻子在屋子里哭泣。一问，原来是他们家中唯一的经济来源——一头奶牛死了。年轻的天使非常心疼他们，然后生气地质问老天使为什么要这样。第一个家庭明明已经非常富有了，你还要帮助他们修补墙洞，可是这个家庭的人非常善良，而且还贫穷，你为什么没有帮助他们救活那头奶牛。

"事情并非只是你看上去的那样。"老天使回答说："那天晚上我们在地下室过夜的时候，我从墙洞里发现了堆得满满的黄金，那家的主人显然是被贪欲所迷惑了，不愿意和他人分享他的财富，所以我才把墙洞给补上了。但是昨天晚上，死亡之神来到了这个农户家召唤农夫的妻子，我让奶牛代替了她。因此，有些事情，不是它表面上看起来的那样。"年轻的天使听了，好像明白了什么。

有些事情，不能只看它的表面现象，只有认真分析其内在，你才能发现事情的真相。

原文

中行文子出亡至边，从者曰:“为此啬夫者，君人也，胡不休焉，且待后车者？”文子曰:“异日吾好音，此子遗吾琴；吾好佩，又遗吾玉。是不非吾过者也，自容于我者也，吾恐其以我求容也。”遂不入。后车入门，文子问啬夫之所在，执而杀之。仲尼闻之曰:“中行文子背道失义以亡其国，然后得之，犹活其身。”道不可遗也若此。(《说苑》)

译文

中行文子逃亡到边境，随从的人说:“在这里做啬夫官的是您的人，为什么不在这里休息一下，暂且等等后面的车子。”中行文子说:“过去我爱好音乐，这个人就送给我琴；我喜欢佩戴，他又送给我美玉；这是个不指责我过失的人，是个想求得我收容的人。所以我也怕他用我来求得君王收容。”坚持不进去。等到后面车子一到，中行文子查问啬夫官的所在地方，便将他抓起来杀掉。孔子听到此事后就说:“中行文子违背道德，丧失恩义，因而亡掉他的国家；但这以后，他获得了正道，还能使自己生存下去，由此可知，正道是不可丧失的。”

解读

虽然走了邪路，但是知道邪路不能再走，而走上正道就还有生存下去的可能，这是中行文子所选择的路，所以孔子才以他为例，告诫人们要坚守正道。

案例

浪子回头金不换

犯错不可怕，只要知错能改，重新坚持正道，还是有生存下去的可能。

明朝的时候，有一个财主老来喜得子，取名为天宝，天宝长大后游手好闲，挥金如土。老财主为了让儿子保住家业，便请了个先生在家里教他读书。渐渐地，在先生的教导下，天宝变得知书识礼了。但不幸，不久后，天宝的父母双双去世，从此天宝又无人管教了。于是，他的那些狐朋狗友又找上门来。天宝故态萌发，整日挥霍无度，很快，万贯家财被花了个精光，最后落得靠乞讨为生。这个时候，天宝才为自己的过去悔恨不已，决心痛改前非。有一天晚上，他借书回来，在地上滑了一跤，躺在地上再也没有力气起来。

这时，王员外正好路过，看到已经冻僵在路旁的天宝仍然紧紧拿着那本书，不禁心生怜悯，立刻叫家人把他救醒。天宝被救醒后，王员外询问了他的家世，并十分同情他的悲惨遭遇，便把他留在自己身边，让他做女儿腊梅的先生。这可正是天宝求之不得的事情，于是，他立刻拜谢了王员外，从此，在王员外家勤勤恳恳地教腊梅读书识字。

王员外的女儿腊梅长得非常漂亮，又温柔贤淑。一开始天宝还一心一意教书，可时间一久，老毛病又犯了，经常对腊梅想入非非，动手动脚。腊梅只好找来自己的父亲哭诉一番，王员外听后不动声色。他担心这件事要是传出去，有损女儿的名声，便修了一封信，找来了天宝对他说："天宝，我这里有一件急事需要你帮忙。"天宝忙说："员外对我恩重如山，不管什么事情，我都帮你办好！"王员外说："我有一个在苏州孔桥边住的表兄，麻烦你把这封信送给他，你现在就起程，快去快回！"说完，还给了他二十两银子作盘缠。虽然天宝不想离开腊梅，但也没有办法，只好上路了。

当他到达苏州后，发现到处是孔桥，找了半个多月，天宝也没有找到他表兄的住处。眼看盘缠就要花完了，他忍不住好奇打开了那封信，只见信上只有四句话："当年路旁一冻丐，今日竟敢戏腊梅；一孔桥边无表兄，花尽银钱不用回！"看完信的天宝羞愧万分，想投河自尽，却又转念一想：王员外不仅救了我一命，还保住了我的名声，我难道不应该挣到二十两银子还给他，并向他当面请罪吗？

于是，天宝重新振作了起来，白天帮别人干活，晚上挑灯夜读。三年下来，他不仅积攒了一小笔钱财，还成了一个知识渊博的人。这时，恰逢科举考试，天宝进京赶考，一举考得举人，于是，又连夜赶回去向王员外请罪。

当他来到王员外面前，“扑通”一声就跪下了，并双手奉上一封信和20两银子。王员外一看，这位举人正是天宝，就连忙把书信和银子接了过来，一看，信还是三年前他写的那封信，不过后面又加了四句：“三年表兄未找成，恩人堂前还白银；浪子回头金不换，衣锦还乡做贤人。”

王员外看了，不禁惊喜交加，立刻把天宝扶了起来，并对他嘘寒问暖起来，还亲口把腊梅许给了天宝。

尽管天宝犯过不少错误，但是他却能悬崖勒马，痛改前非，还是能得到人们的原谅，并开创一片新的天地。

原文

智伯请地于魏宣子，宣子不予。任增曰:“何为不予？”宣子曰:“彼无故而请地，吾是以不予。”任增曰:“彼无故而请地者，无故而与之，是重欲无厌也。彼喜，必又请地于诸侯。诸侯不与，必怒而伐之。”宣子曰:“善。”遂与地。智伯喜，又请地于赵，赵不与，智伯怒，围晋阳。韩、魏合赵而反智氏，智氏遂灭。(《说苑》)

译文

智伯向魏宣子索要土地，魏宣子不给他。任增说:“为什么不给他？”魏宣子说:“他无缘无故地索要土地，我因此不给他土地。”任增说:“他无缘无故地索要土地，你无缘无故地给他，这样就可以加重他贪得无厌的心理。他一高兴，一定会向其他诸侯索要土地；其他诸侯不给他，他一定恼怒并前去讨伐他们。”魏宣子说:“说得好。”于是给智伯土地。智伯高兴，又向赵氏索要土地，赵氏不给，智伯大怒，派兵包围了晋阳。于是韩、魏联合赵反攻智伯，智氏就被消灭了。

解读

当别人提出不合理的要求时，可以暂时先答应他，等他志得意满，继续犯错时，那就会惹得众怒，这样就可趁机联合大众，将其一并歼之。正所谓：邪恶之人可让其走到极致，最后自会灭亡。

案例

多行不义必自毙

多行不义必自毙，一个人作恶，可以暂时按兵不动，等到他激起众怨时，自然就会走向灭亡。

当初，郑武公和申国国君的女儿武姜成亲。后来，武姜生下了两个孩子，分别是庄公和共叔段。庄公是难产生下来的，他的脚在前，因而使武姜受了惊吓，所以又取名叫“寤生”，武姜也因此不是很喜欢庄公。相反，武姜却非常疼爱共叔段，还多次在郑武公面前向他求情，让武公立共叔段为太子，但武公都没有答应她的请求，还是立了庄公为太子。

等庄公继位后，武姜出面为共叔段求情，让庄公把制这个地方封给共叔段。庄公拒绝了这个要求，说：“制是个险要的城邑，以前虢叔就是死在那儿的，所以不能给他。如果他要别的什么地方，我都可以答应。”于是，武姜又请求京邑，庄公就把京邑给了共叔段，并称他为“京城太叔”。

祭仲向庄公进言说“一个都城如果面积超过了三百丈，就会成为国家的祸害。按照先例，都城面积大不能超过国都的三分之一，中等的不能超过五分之一，小的则是九分之一。现在京邑的大小显然是不符合规定的，这样做对您是不利的呀！”

庄公说：“姜氏要这么做，我又有什么办法呢！”

祭仲说道：“姜氏的欲望哪里有什么尽头啊，您还不如早点处置了共叔段，以免他的势力壮大起来。如果他的势力强大了，就很难对付了。蔓延的野草都很难除掉，更何况是您的亲兄弟呢？”

庄公回答道：“不仁义的事情做多了，必然会招致灭亡，您暂且瞧着吧。”

没多久，太叔又把西边和北边的边邑据为己有。

公子吕又对庄公说：“一山不容二虎，您打算怎么办呢？如果您打算把国家拱手让给太叔，那就让我去侍奉他吧；如果不是这样的话，请您立刻除掉他，不要让百姓有二心。”

庄公说：“不必了，他会自食其果。”

于是，太叔更猖狂了，又把双方共管的边邑划到了自己的势力范围内，还扩大到了廪延。

公子吕又劝说：“不能再等了，如果他占的地方大，自然就会得到百姓拥护。”

庄公说：“行事不仁不会有人亲近，即使地方再大也会崩溃的。”

踌躇满志的太叔又大兴城池，聚集百姓，修整铠甲和武器，备足了步兵和战车，准备偷袭郑国国都。武姜打算和他里应外合，帮他打开城门。

哪知庄公早有防备，趁共叔段进攻郑都时，出奇兵攻打他的大后方。而长期受共叔段压迫的百姓也背叛了他，参与到战争中来。共叔段大败，逃亡到外地，而庄公紧追不舍，走投无路的他只好自杀了。

面对共叔段多次无理的要求和行为，庄公没有急于立刻反击，而是让他的行为走向极致，遭到天下百姓的怨恨。这个时候，庄公再出手，立刻就引起了全国百姓的响应。所以，共叔段必败无疑。

原文

阳虎为难于鲁，走之齐，请师攻鲁。齐侯许之。鲍文子曰：“不可也！阳虎欲齐师破。齐师破，大臣必多死，于是欲奋其诈谋。夫虎有宠于季氏，而将杀季孙，以不利鲁国，而容其求焉。今君富于季氏，而大于鲁国，兹阳虎所欲倾覆也。鲁免其疾，而君又收之，毋乃害乎？”齐君乃执之，免而奔晋。（《说苑》）

译文

阳虎在鲁国作乱，出逃至齐国，请求齐国出兵攻鲁，齐侯答应了他。鲍文子说：“不能出兵。阳虎想要齐国军队失败。齐国军队如果失败了，必然会死很多大臣，那时阳虎就可以实现其阴谋。阳虎被季氏宠信，却想要杀害季氏，来制造对鲁国不利的局面从而博取您的好感。现在您比季氏富裕，而且齐国大于鲁国，这就是阳虎想要使齐国倾覆的动机。鲁国避免了他的灾难，您却要接纳他，只怕是害了自己吧？”后来，齐君就捉住了阳虎，后却让他逃脱后跑到晋国去了。

解读

阳虎这个邪恶之人，其所求之事必有阴谋，所以鲍文子才提出不要助他的道理。对于邪恶之人，一定要看穿其阴谋，切不可助纣为虐，这样只会上了邪人的当。所以，在此一定要趋利避害，痛击邪恶之人。

案例

费无忌之死

小人多是非，对于小人，我们一定要保持清醒的认识，并尽量远离小人，避免上了小人的当。

公元前527年，楚国的楚平王为自己的儿子相中了一个秦国姑娘，打算让儿子娶她为妻。于是，就派大夫费无忌前去迎娶。当费无忌看到那个姑娘长得非常漂亮时，他的脑子就开始高速运转了。

为了阿谀奉承楚平王，他竟然想出一个令人大跌眼镜的主意：那就是把她献给楚平王。于是，尽管他已经了解，太子娶亲的事已经散布出去了，迎亲的队伍已经快到达国都了，而且楚宫里的仪式都已经准备好了，费无忌还是骑了一匹快马赶在迎亲队伍的前面抢先回到了王宫，并对楚平王说明那个秦国姑娘如何如何美丽动人，并讲，反正现在太子还没有看到那个姑娘，不如大王您先娶了她，以后再为太子相其他的姑娘。一向好色的楚平王立刻就被费无忌说动了，于是叮嘱费无忌要小心行事，避免造成不良影响。于是，得到指令的费无忌立刻就跑去着手操办这一切了。很快，这位原本是做太子夫人的秦国姑娘，摇身一变，就成了楚平王的妃子。

办好了这件事情的费无忌越来越得到楚平王的宠信，他心里非常得意。但静下心来一想，这件事情对太子来说，无疑是奇耻大辱，而且太子迟早是要继位的，若是太子一登基，自己的日子估计就难过了。

于是，他就经常在楚平王身边吹耳边风，说太子不仅对他恨之入骨，而且还对大王也有意见，甚至怨气越来越深。现在太子兵权在握，在外四方诸侯都拥护他，在内师傅伍奢帮忙筹谋，指不定哪天就会起兵叛变呢！

原本就心虚的楚平王觉得自己的儿子在这件事情后，一定会有所反应。现在听了费无忌的话，就认为自己的儿子果真是如自己所想的那样起了二心。于是，他便立刻下令，把太子的老师伍奢和伍奢的长子伍尚都杀死。不久后，他又下令把太子也抓起来，准备将他杀害。听到消息的太子和伍奢的次子伍员连夜逃出了楚国。

太子虽然逃出了楚国，但由于他是楚国唯一一个掌握兵权的人，再加上伍员一心要为父兄报仇，所以，从那以后，楚国连连被战火包围着。但这场战火的起因，不过是由于小人费无忌的一个邪恶的点子造成的。所以，大家都咬牙切齿地用极刑把这个小人处死了。但尽管如此，楚国却早已经是满目疮痍了。

邪恶之人提出的点子多少是有自己背后的阴谋的，对于小人，我们应该尽量地远离他们，只有这样才能远离是非。楚平王正是没有认清楚这一点，才会上了费无忌的当，最终导致国破家亡。

原文

齐桓公北伐山戎氏，请兵于鲁，鲁不与，桓公怒，将攻之。管仲曰:“不可，我已刑北方诸侯矣，今又攻鲁，无乃不可乎？鲁必事楚，是我一举而失两也。”桓公曰:“善。”乃辍攻鲁矣。(《说苑》)

译文

齐桓公朝北攻打山戎氏，向鲁国请求援兵；鲁国不给，齐桓公很生气，将要去攻打鲁国。管仲说:“不可以，我们已经给北方的诸侯做出了样子；现在却要去攻打鲁国，岂不是不适宜的吗？如果一定要这样做，鲁国一定会转而事楚国，这是我们一举而两失的蠢事。”齐桓公说:“讲得对。”就没有攻打鲁国了。

解读

不要以为自己做的事是正义的，就以为不听自己的就都是邪恶的，这样只会失去更多的朋友。当别人不理解或不帮助自己所做的正义之事时，也还要坚持正义之事，不能就此而放弃，认定的事就一定要去做，成功了就会有更多的利益和更强的道义。

案例

坚持和理解他人的意义

每个人都有自己不同的标准，任何时候，都不要以自己为标准去丈量别人，也不要因为别人的标准和自己的不同就否认自己的事情。唯有坚持自己的标准，尊重他人的标准，才是正确之道。

香港著名演员成龙是“七小福”的一员，他很早就跟着别人学徒，多年的“学徒”生涯，让他对人、对事要求都非常严格。

有一次，成龙和朋友们到外面吃饭。吃完饭后，大家都起身准备离开。成龙看到大家转身都准备走了，立刻就火了，大声呵斥道：“你们吃完饭就这样走了？难道你们就没有一点点爱心？”

看着异常生气的成龙，朋友们都一头雾水，不知道发生了什么事情，就连在旁边的服务员也吓了一跳。

说完，成龙就卷起袖子帮着服务员收拾餐具。这个时候，朋友们才明白过来了。原来他是看到服务员很忙碌，心里非常怜悯，就怪朋友们没有上去帮忙。

这件事情很快就传到他另一位非常要好的朋友耳朵里。有一天，这位朋友找到他，对他说：“你不能因为自己喜欢处处为他人分担事情，就要求你身边的每个人都应该如此。否则，你也就是没有爱人之心了。上次一起去吃饭的，有好几个是在国外长大的。在他们眼里，这些事情都是服务员分内的事，他们没有理由去插手。所以，这是你们思想观念上的不一致造成你们之间对事情看法的不一致，而并非他们没有爱心啊。其实，这几个朋友都是非常有爱心的人啊，他们还会积极参加很多慈善活动啊。”

听到这番话的成龙豁然开朗，原来是自己错怪了朋友们。从此以后，他不再对朋友们“苛刻无情”了。

在生活中，我们经常会犯这样的错误，自己有一些行为习惯、做事准则，就以此要求别人也必须如此，如果别人没有做到的话，就是不正确的。殊不知，每个人的经历、背景、思想认知不一致，对事物的看法也必然不一致。所以，没有必要把自己的看法强加给别人，也没有必要因为别人而否认自己的看法。

原文

孝宣皇帝之时，霍氏奢靡。茂陵徐先生曰："霍氏必亡！夫在人之右而奢，亡之道也。孔子曰：'奢则不逊。'夫不逊者必侮上，侮上者，逆之道也。出人之右，人必害之。今霍氏秉权，天下之人，疾害之者多矣。夫天下害之，而又以逆道行之，不亡何待？"乃上书言："霍氏奢靡。陛下即爱之，宜以时抑制，无使至于亡。"书三上，辄报闻。其后霍氏果灭。董忠等以其功封。人有为徐先生上书曰："臣闻客有过主人，见灶直突，傍有积薪。客谓主人曰：'曲其突，远其积薪，不者，将有火患。'主人默然不应。居无几何，家果失火，乡聚里中人哀而救之，火幸息。于是杀牛置酒，燔发灼烂者在上行，余各用功次坐，而反不录言曲突者。向使主人听客之言，不费牛酒，终无火患。今茂陵徐福数上书言霍氏且有变，宜防绝之。向使福说得行，则无裂地出爵之费，而国安平自如今。往事既已，而福独不得与其功。惟陛下察客徙薪曲突之策，而使居燔发灼烂之右。"书奏，上使人赐徐福帛十匹，拜为郎。（《说苑》）

译文

汉宣帝时，霍光家的生活奢侈糜烂。茂陵徐福说："霍氏一定会灭亡！身居高位并且奢侈，这是灭亡之道。孔子说：'生活奢侈，待人就不谦逊恭顺。'不谦逊恭顺的人一定欺侮君主；欺侮君主，是叛逆之道。身居别人之上，别人一定会嫉恨他。现在霍氏专权，天下嫉恨他的人太多了。天下人嫉恨他，而他又按照叛逆之道做事，不灭亡还等待什么呢？"此后，他上书皇帝说：

“霍氏生活奢侈糜烂，陛下如果爱惜他的话，应该在一定时间内抑制他，不使他走向灭亡。”上书三次，皇帝总是批复“知道了”。后来，霍氏果然灭亡。董忠等人因有功受到封赏。有人为徐先生上书说：“我听说有一位客人路过主人家，看见主人家烟囱是直的，旁边有堆积的木柴。客人就对主人说：‘把烟囱变成弯曲的，把木柴堆放在远处。不这样的话，将会有火灾。’主人默然不应。过了不久，主人家果然着火。乡里人同情他并都来帮助灭火，大火幸而被扑灭。主人于是杀牛摆酒宴，被烧得焦头烂额的人坐在上位，其余的人各自按照功劳大小依次入座，却不邀请建议把烟囱变成弯曲的那个客人。假如先前主人听从了客人的建议，就不必耗费牛、酒，最终也不会有火灾之患。现在茂陵徐福多次上书皇帝直言霍氏将阴谋叛逆，力谏应该预防并粉碎他的阴谋。假如先前徐先生的建议被采纳，就不会有封地封爵的耗费，并且国家自然像现在一样平安无事。事情已经过去了，唯独徐福得不到赏赐。希望陛下考察客人徙薪曲突的建议，并使他能够居于焦头烂额的人之上。”此书上奏后，皇帝派人赏赐徐福帛十匹，并任命为郎官。

解读

文字虽然有点长，但却为汉宣帝把账算得清清楚楚。汉宣帝的算盘懂权谋的都知道是想让霍氏自取灭亡，心中早就有灭他的心，只是时机未到。但如此却不如早就预谋筹划才好，这样就会节省财力和物力。邪恶之事一定要早预防才好呀。

案例

做事要有预见性

做任何事情，都应该要防微杜渐，未雨绸缪。只有这样，才能够早做打算，早日将不良事情扼杀在萌芽状态。

唐朝的郭子仪因为辅佐过3位皇帝，又在平定“安史之乱”上立下了很大的战功，所以被封为“汾阳王”。一时之间，他就成为了一等护国功臣，权极一时。

不过，郭子仪行事谨慎，为了避免皇帝的猜忌和他人的中伤，他家的汾阳王府与其他重要官员的府邸完全不同，总是四门大开，门口也没有森严的戒备，任由人员进进出出，甚至都不需要任何通报和请示，管理非常宽松。

有一次，皇帝从宫里派来太监找郭子仪有事商量。当时，郭子仪正在卧室里帮助夫人梳妆打扮，于是，他便直接让太监来到自己跟前说事，丝毫没有避讳。

当太监走了之后，他的一个儿子觉得父亲的行为并不十分妥当，于是对父亲说："父亲，您身为皇上钦点的汾阳王，却不注重自己的身份，您就这样让外人随意进出自己的卧室，要是传出去了，岂不是有损您的声誉！而且，府门一年到头随意大开着，简直是不成体统！"

郭子仪听了儿子的一番话并不恼怒，而是微微一笑说："你的心事我早就知道，但是儿子你想过没有，我们家有上千个人、五百匹马都是由皇帝供养的，而我自己又位高权重，作为臣子，我能享有的一切已经是达到极限了。如果这个时候，我把汾阳王府的大门紧闭，不轻易与外人交往，而弄出一副神秘莫测的样子，你想接下来会有什么事情发生？"

被父亲这么一问，他的儿子蒙了，摇头表示不知道。

"将会给我们家族带来杀身之祸！"郭子仪说道。

"为什么？关上大门这是符合身份的做法啊，为什么这样做反而会带来灾难呢？"他的儿子更加不解了。

"因为要是我们关上大门，一些别有用心的小人肯定会跑到皇上那里去打小报告，说我心图不轨、要密谋造反。这种话听得多了，皇上难免会信以为真，认为我因为功高盖主而起反心，必然会对我有所防范啊，"郭子仪耐心地解释道，"现在，我们家的大门四开，里里外外一切都明明白白，毫无遮拦，即使是那些想要诬陷我的人，也难找到借口了，皇上对我，便也会放心，这才是我四开大门的真正用意所在呀。"

郭子仪的儿子听了他的这番话，立刻就明白了父亲的用心良苦。后来，汾阳王府一直平安无事，而郭子仪本人也因此做到"权倾天下而朝不忌，功盖一代而主不疑"，这在中国历史上都是极为罕见的。

郭子仪正是及早预见到了自己将可能会碰到的祸患，防微杜渐，才保全了自己的家族，让自己一家免遭灾难。

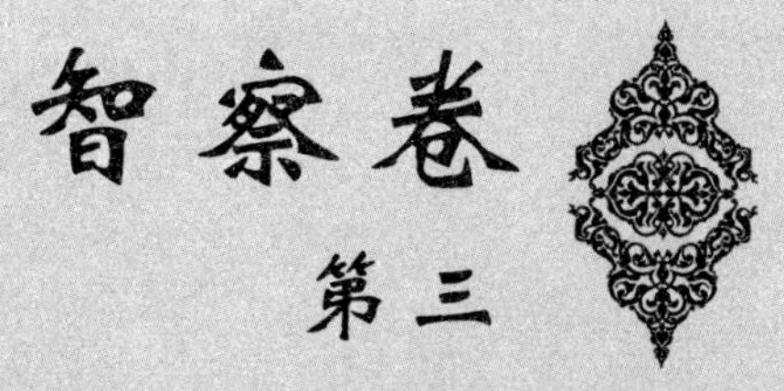

智察卷

第三

原文

月晕而风，础润而雨，人事虽殊，其理一也。惟善察者能见微知著。（《权谋残卷》）

译文

月亮出现晕就会刮风，柱石一旦湿润就要下雨，人间事情虽然不一样，但是原理相同。只有善于观察事情本质的人才能够从细节处发现事情的本质。

解读

谋从何来，从观察中来。这里用自然现象来比喻，指出任何事情的发生都有一定的显现，善于观察才会发现事情发展的因果，这样才能很好地谋划。

案例

夏尔·皮舍格柳的胜利

自然界中的一切事物都是有因果联系的，只有善于观察自然现象中发生的事物，才能发现事物发展的前因后果，这样也有利于据此来谋划事情。

1794年深秋，拿破仑的一支军队进攻荷兰。面对拿破仑军队来势凶猛的进攻，荷兰人万般无奈之下，只好心生一计，把所有运河的闸门都打开了，瞬间全城上下洪水涛涛，也阻挡了拿破仑军队的进攻。法国军队没有办法，只好撤退。但是，当军队撤退不久，法军统帅夏尔·皮舍格柳得知了一个消息：有人在路边看到蜘蛛都在大量地吐丝结网。这个消息让夏尔·皮舍格柳兴奋不已，立刻命令全军上下停止撤退，并在路边驻扎了下来。当时，军中很多人都不理解，不知道为什么又突然停止了撤退。

当部队驻扎下来不久后，寒潮来临了。于是，滚滚的江水一夜之间停止了咆哮，都结冻成冰了。拿破仑的军队看到后，不禁都欢欣鼓舞起来，都纷纷称赞夏尔·皮舍格柳料事如神。于是，第二天一大早，法国军队就越过已经结了冰的瓦尔河向荷兰进攻，一举把荷兰的要塞所在——乌得勒支城攻了下来。

夏尔·皮舍格柳为什么听到蜘蛛结网的消息就让军队驻扎下来呢？原来是因为，一年之中，只有在深秋每当干冷天气即将到来的时候，蜘蛛才会大量地吐丝结网。也就是说，干冷天气的出现，是蜘蛛大量吐丝结网的一个必要条件。夏尔·皮舍格柳正是看到蜘蛛在结网，所以判断干冷天气即将到来，只要天气一干冷，那河水就必然会结冰了。

夏尔·皮舍格柳正是细心留意生活中一切事情，才发现了事物背后的因果联系，因此，做出了正确的判断，取得了战争的胜利。

原文

不察，何以烛情照奸？察然后知真伪，辨虚实。夫察而后明，明而断之、伐之，事方可图。察之不明，举之不显。（《权谋残卷》）

译文

不明察周围的事物，怎么能够发现隐藏的人情世故和虚伪小人的行径呢？只有明察而后才能够知晓事情的真假，明辨虚实。明察之后就能够清楚事情真相，清楚事情真相以后才能够抉择，处理事情，目的才可以实现。不能够明察秋毫，做事就不会有什么成果。

解读

这里指出智察的重要性，只有明察才能辨别事情的真假，才能把事情的来龙去脉搞清楚，这样才能做事有准备，做事也容易成功。

案例

聪明的法官

生活中，很多事情不细心观察，是很难发现事情真相的。所以，我们应该细心留意，仔细观察事物，只有这样才能辨别事情的真伪，理清事物的来龙去脉。

有一天，一个名叫唐宗普珍的小女孩在河边洗衣服。为了方便洗衣服，她把手中戴着的一对金戒指摘了下来，放在河边的石头上，然后洗起了衣服。

这个时候，一个无赖小偷格桑趁她不注意，迅速地把金戒指偷走了。

当洗完衣服的小女孩准备把放在一旁的金戒指收起来的时候，却发现金戒指不见了。小女孩伤心地哭起来了，哭了一会，她才想起可以向法官求助。于是，立刻跑到法官那里去报案。

法官经过几天严密的侦查，在无赖格桑那里发现了一对金戒指。于是派人找到他来查问。当法官问他是从哪里得到这对戒指的时候，无赖格桑心中早有准备，他理直气壮地说："这对戒指是我死去的母亲送给我的。"

听到这话的小女孩非常生气，立刻大声反驳他，说这对戒指应该是她的才对。但格桑却坚持说戒指是自己的。

看到他们两个在那里各执一端，法官无奈地摇了摇头，然后说："既然这样的话，这桩案子又没有其他的证据，那这对金戒指你们每人拿走一只去算了。"

格桑听了法官的话，眼珠子滴溜溜地转了起来，心想：这个主意不错，既没有让法官怀疑，还可以不费吹灰之力就得到一只金戒指，这样说来，还是赚到了。于是，他立刻就点头同意了。

唐宗普珍心里则这样想着：这对戒指明明是自己的母亲送给自己的，怎么能平白无故送给别人呢，更何况这个人还是一个小偷，送给他也讨不了一份人情。于是，她立刻大声反对道："不行，我不同意这样做！法官大人，你这样的判决太不公平了，你还没有了解清楚事情的来龙去脉，怎么可以就这样妄下决断呢！"

听到两个人的回答，法官紧皱着的眉头终于舒展开来了，说道："好啦好啦，现在水落石出了。这对金戒指就是唐宗普珍姑娘的。正因为这是她的东西，所以她才不会想无缘无故就少了一只金戒指。而无赖格桑却可以不用任何成本就能得到一只金戒指，所以才会毫不犹豫地同意了我刚刚的提议。"

听了法官的话，无赖格桑蒙了，再也无话可说了，只好交代了自己偷东西的过程，并把金戒指归还给了唐宗普珍姑娘。

面对这起无厘头的案子，法官并没有撒手不管，而是从两人态度的差别上判断出事情的真相，才让唐宗普珍姑娘拿回了属于自己的金戒指。很多事情，只有细心观察判断，才能还原事情的真相。

原文

臣闻主将之法，务览英雄之心。然人未易知，知人未易。汉光武，聪听之主也，谬于庞萌；曹孟德，知人之哲也，弊于张邈。何则？夫物类者，世之所惑乱也。故曰：狙者类智而非智也，愚者类君子而非君子也，戆者类勇而非勇也。亡国之主似智，亡国之臣似忠，幽莠之幼似禾，骊牛之黄似虎，白骨疑象，珷玞类玉。此皆似是而非也。(《反经》)

译文

我听人说驾驭将帅的方法，务必明悉英雄们的内心世界。然而人不容易被了解，了解人也确非易事。汉光武帝是一位善于听取并明辨各种是非的人，但却犯了谬信宠萌的错误；曹操算得上是知人善任的楷模，但却被张邈所蒙蔽。为什么会发生这样的情况呢？因为世上的事物纷繁复杂，乱人心目。因此说："探头探脑、喜欢窥伺别人的人貌似聪明，但实际上并不聪明；愚鲁的人貌似君子，但却不是君子；憨直的人貌似勇敢，实际上并不勇敢。亡国之君好像足智多谋；亡国之臣好像忠心耿耿；莠草的幼苗好似庄稼；黑黄相间的牛皮类似虎皮；白骨类似象牙；赤底白彩的石头酷似美玉；这些都是似是而非的例子。

解读

人是万物之灵长，所以也最复杂。对人的了解是世界上最难的事之一，如何了解一个人呢，我觉得还是古人说的好，那就是：日久见人心。只要通过不同的事情来验证一个人的行为，并且要有耐心，这样才能更好地了解一个人。

案例

路遥知马力，日久见人心

人是复杂的，所以要认识一个人也是一件非常复杂的事情。要全面地认识一个人，最好的办法就是耐心，相信日久见人心。

从前，有个姓马的财主家生了一个儿子，名叫马力。当他的儿子长到上学的年纪时，那个财主就给他找了个穷人孩子做伴读，并取名叫路遥。

路遥每日陪伴马力读书玩耍，两人关系非常密切。路遥不仅认真关心照顾马力，还十分勤奋刻苦，学习成绩也比马力要好，深受马家人的喜欢。很快，马力就长大了，财主给马力娶了一个贤惠的媳妇，同年，也给路遥张罗了一个媳妇。在路遥结婚的那天晚上，马力跑过来对路遥说："你的吃住都是由我家供，就连读书上学娶媳妇都是我家张罗的，所以入洞房得我去。"路遥立刻就说："行啊。"说完，他就来到马力的书房看了一晚上的书，而马力则去了洞房。这夜过后，两个人也一直没有再提起这件事来。

不久后，两个人都进京赶考了。结果是路遥金榜题名了，而马力却名落孙山，而且之后都屡考不中。马家家道中落，且在十年后的一场大火中，被烧的片瓦不存。被生活所迫，马力只好硬着头皮去路遥家借钱。当他走到离路府十里远的地方，就看到停在路旁的路家的轿子，他便前去向轿夫说明是路家的旧日好友，便立刻被送到了路家。当马力来到路家时，路家一家人都出来陪伴他，而且还热情款待了他。一转眼，一个月就过去了，尽管路家人日日都非常热情地招待他，但每当他想说出自己借钱的想法时，总是会被路家人岔开话题。不仅如此，路家也丝毫不问及马力家中的事情，好像是不愿意借钱似的。但每当马力想离开时，却又总是会被热情留住。

时间飞快，很快一年就过去了。有一天，路遥把马力邀到了书房，对他说："你在这里也住了一年了，应该回家了。我这里有信一封，你到家了再看，除了送你一匹快马，其他的也没有什么可相送了。"听了这话，马力也没有办法，只好骑着马回家了。当他来到村子里的时候，发现村口坐落着一栋非常漂亮的房子。正纳闷着，只见家人从院子里走出来迎接了。疑惑中，他想起了那封信，于是立刻打开来一看，只见信上写着：路遥知马力，长久见人心，你蒙我一夜，我蒙你三春。

原来，路遥早知道我那夜是不会去洞房的啊，马力积压在心里已久的心病终于一下云消雾散了。原来路遥只字不提我家里的事情，是在帮我盖房子啊。想到这里，马力不禁心里大为感动。从此以后，他不再参加科举考试，而是一心种地经商，数年后，又成为富甲一方的大财主，并广乐善施，接济穷人。

当马力一开始来路家时，路遥并不问及马家的事情，并非不关心，而是已经知道一切，在默默地为他家建房子。所以，要知一人心，要长时间的了解才行。

原文

《人物志》曰:“骨植而柔立者，谓之宏毅；宏毅也者，仁之质也。气清而朗者，谓之文理；文理也者，礼之本也。体端而实者，谓之贞固；贞固也者，信之基也。筋劲而精者，谓之勇敢；勇敢也者，义之决也。色平而畅者，谓之通微；通微也者，智之原也。五质恒性，故谓之五常。故曰：直而不刚则木，劲而不精则力，固而不端则愚，气而不清则越，畅而不平则荡。然则平陂之质在于神，明暗之实在于精，勇怯之势在于筋，强弱之植在于骨，躁静之决在于气，惨怿之情在于色，衰正之形在于仪，态度之动在于，缓急之状在于言。若质素平淡，中睿外朗，筋劲植固，声清色怿，仪容容直，则纯粹之德也。(《反经》)

译文

《人物志》里说:“内骨刚毅而外表柔和的，称为宏毅。所谓宏毅，是仁的本质的体现。语辞清新而爽朗的，称为文理。所谓文理，是礼的本质的体现。形体端正健壮的，称为贞固。所谓贞固，是守信用的基础。筋力强劲而有精气神的，称为勇敢。所谓勇敢，是行使义举的关键。气色平和畅达的，称为通微。所谓通微，是智慧的本原。以上五项特质都具备的，称为五常。所以说，虽然正直而不刚强，就如同树木一样容易折断；强劲而不精致则显得鲁笨；固执而不端正则显得愚蠢；辞气不清顺则越发无成；畅达而不平和则失之放荡。然而，平与不平的关键在于是否有神气，明智或昏庸取决于精气的明显或污浊，勇敢或怯懦取决于筋力是否强劲，坚强或脆弱取决于骨架的精细，浮躁或沉静取决于气的旺盛或冲和，惨、怿的情感表现在人的气色上，形貌的衰败或正肃取决于仪表，态度的变化首先表现在容颜的变化上，缓急的情状表现在言语上。如果气质素雅平淡，内心富于智慧，外貌开朗，筋骨强健，声音清爽，气色和悦，仪容高尚端正，这是道德纯粹的表现。”

解读

用人者在用人时，不仅应考虑其智力、技术、文化水平，更应当考虑其性格特点。从性格上识别人才，应充分把握其恒定不变的特征和后天环境造成的变化。这里就是古代的一些方法，可以给大家提供一些参考。

案例

性格和工作的关系

领导者在用人的时候，不仅要考虑一个人的能力和技能，还要充分考虑一个人的性格特征，根据其性格的不同安排好合适的岗位，使其充分发挥作用。

王萌和张楠在同一家公司上班，她们两人不仅是同事，还是玩得非常好的朋友。所以常常一起上下班，一起吃工作餐，关系好到了无话不说的地步。不过，她们两个人虽然关系密切，但是性格迥异，一个活泼开朗，一个成熟稳重。

本来两个人都一同在宣传部上班，但在一次公司例会上，经理却突然宣布把王萌调到广告部去工作。面对这个调动，王萌心里非常郁闷，心里一直在想，难道是自己工作能力不行，没有把宣传部的分内工作做好，还是什么别的原因让经理把自己调到广告部去。百思不得其解的王萌准备亲自找经理问个究竟。

当她来到经理办公室的时候，也没有客套，直接开口就问道：“经理，您为什么突然把我调到广告部去呢？难道是我在宣传部的工作没有做好吗？”

“不是你做得不好，而是我觉得你更适合在广告部工作。”经理听了王萌的话，笑着说。

“但是……”王萌欲言又止。

“我了解，你和张楠非常要好，你希望和她在一起工作，”经理说，“不过，性格沉稳，做事踏实稳重的张楠更适合宣传部的工作性质，她在那里可以充分发挥自己的优势。而你，天真烂漫，性格单纯，广告部可以让你的个性得到充分的发挥，而且你的思维比较活跃，想象力也比较丰富，是十分适合做广告创意工作的。”

听了经理的话，王萌将信将疑，但还是服从了经理的安排。不久过后，王萌很快就熟悉了广告部的工作，而王萌的成绩也证实了经理的决定是非常正确的。王萌单纯的个性给广告部带来了很多的灵感，她丰富的想象力更是使得广告创意工作进行得异常顺利，而她自己也从中找到了自己的价值，并且很快就得到了上级的赏识。

这位经理正是看到了王萌和张楠身上不同的性格特征，并且根据她们个性的不同来安排工作，才使得她们两个人都在各自的岗位上发挥出了自己的优势，推动了工作的开展。

原文

夫圣贤之所美，莫美乎聪明；聪明之所贵，莫贵乎知人。知人识智，则众得其序，而庶绩之业兴矣。是故仲尼训六蔽，以戒偏材之失；思狂狷，以通拘抗之材；疾悾悾而无信，以明为似之难保；察其所安，观其所由，以知居止之行。率此道也，人焉瘦哉？人焉瘦哉？（《反经》）

译文

圣贤所称誉的莫过于聪明，聪明的最可贵之处莫过于知人。能够洞察人的全貌，了解人的长处，那么各种各样的人才便会得到适合发挥各自才能的位置，随之，各项事业也就会繁荣兴旺。所以孔子曾以六种弊端告诫有专长的人才可能发生的相应的失误，使其激进狂躁的性格与呆滞的性格相中和。他讨厌无能而又不讲信用的人，并讲明虚伪的东西终究会被识破。考察人们希望得到什么，安心于什么，并观察他赖以得到的方法和途径。如果采用了这些方法，怎么能发现不了人才呢？

解读

小人是君子前进道路上的绊脚石。识别小人不可光以表象来看，应细致观察，多角度观察。领导者要想辨别人才，就要细心观察，洞察全貌，识破无能者的虚伪，寻得真人才，从而为自己的事业添砖加瓦。

案例

管仲和王安石识小人

识别小人要全面细致地观察，切不可被他的外表所迷惑了，而应该细心观察，识其全貌。

我国古代的管仲和王安石，他们的千古贤名，有一半就在于他们对小人的防范上。春秋时期，管仲辅佐齐桓公。有一天，齐桓公很感动地对他说："我身边有三个人对我最忠心了，他们中有一个为了伺候我愿意把自己阉了而做太监；有一个自从做我的臣子后，整整十五年从来没有回家看望过自己的父母；还有一个对我就更忠心了，他为了给我补身子，居然把自己的儿子杀了用他儿子的肉炖汤给我喝，实在是太难得了！"

管仲听了，就说："国君，这些人并不可亲近。他们的所作所为全部都是违背人性的，怎么可能是发自内心的对你忠诚呢？"齐桓公听了管仲的话，觉得非常有道理，就下令把这三个小人赶出了朝廷。当管仲去世后，这三个小人又被齐桓公召进宫来，朝廷果然被他们弄得天翻地复。

而王安石的一生碰到过的小人更多，其中给人印象最深的是谏议大夫程师孟。有一天，他竟然跑过来对王安石说，他现在非常讨厌自己的身体，因为它越来越好了，而他内心却希望能够早点死去。王安石听了，十分吃惊，就问他为什么。

他说："如果我先死了，您就会给我写墓志铭，这样的话，我就可以流传后世了。"王安石听了他的话，立刻就掂量出这个人的人格重量，不再理会他了。

又有一次，有一个叫李师中的人，他写了洋洋洒洒十篇《巷议》，主要是说现在街头巷尾都在说新法好，宰相好。当时王安石正在推行新法，朝廷上下非议纷纷。按理来说，他的这十篇文章应该是雪中送炭，会得到王安石的感激。但王安石一眼就看出了《巷议》的伪诈成分，就开始处处提防他。

管仲和王安石正是因为时刻保持理智清醒的头脑，才能够破除小人们摆下来的情感迷魂阵，识破他们的诡计，认清楚他们的本性。

原文

微察问之，以观其辞；穷之以辞，以观其变；与之间谋，以观其诚；明白显问，以观其德。远使以财，以观其廉；委之以财，以观其仁；临之以利，以观其廉。试之以色，以观其贞；悦之以色，以观其不淫。告之以难，以观其勇；告之以危，而观其勇；惧之，以验其特。醉之以酒，以观其态；醉之以酒，而观其则；醉之以酒，观其不失。(《反经》)

译文

如果你想知道一个人语言的表达能力，可以向他隐晦含糊地突然提出某些问题；连连追问，直到对方无言以对，可以观察一个人的应变能力；与人背地里策划某些秘密，可以发现一个人是否诚实；直来直去地提问，往往能看出一个人的品德如何。让人外出办理有关钱财的事，就能考验出是否廉洁。还有一种方法，就是把钱财交给他，由他支配，可以观察他是否仁义，或者让他面临有利可图的事情，也可以看出他是否廉洁。用女色试探他，可以观察一个人的贞操；或者让他待在令人兴奋的美女身边，就能知道他是不是一个淫乱的人。要想知道一个人有没有勇气，可以把事情的艰难告诉他，看他有何反映。或者突然告诉他危险在即，也可以看出一个人的勇气；或者猛地恐吓他，看他是否有特别之处。让一个人喝醉了酒，看他失不失态；让一个人喝醉了酒，看他是不是有定力；或者用让人醉酒的方法来考验一个人会不会乱性。

解读

考察人的方法很多，这里举了很多方法，可以在现实生活中加以应用。当然，现在的社会是比较复杂的，被考验之人如果已经识破你是在考验他，就要多次应用，尤以突然为宜，这样才能考察清楚。

案例

识人的标准

识别人才的方法有很多，要灵活运用，充分去考验一个人，只有这样才能够全面认识一个人。

魏文侯想着提拔一位丞相，他目前有两个人选，可一时下不定决心选择哪个。于是，他就找来谋士李克问他的意见，说："现在我们魏国正处于混乱时期，我急需一个有本事又有品德的人才来辅佐我。魏成子和翟璜这两个都不错，我一时也下不定决心，你说说看他们两个到底哪个强一些？"

李克并没有直接回答魏文侯的问题，说："大王，您拿不定主意，是因为您平时对他们的考察不够。"

魏文侯问："考察？怎么考察呢？有什么标准吗？"

李克说："当然有了，我认为考察一个人要从以下几个方面来看：一看他日常和什么人亲近，从这些人的品质可以看出他的为人；二看他富裕了结识什么样的朋友，如果富裕了就不和以前穷时结交的朋友来往，或者巴结富贵的人，那这种人就要小心；三看他当官了推荐什么人，只有忠心于您的人才会认真为您推荐天下的人才；四看他不做官了，不屑于做哪些事情，如果他已经不是官了，却还摆出一副官架子，那他就不是一个忠臣；五看他贫穷的时候哪些钱他不屑于拿，如果他贫困了就去拿讨来的钱或者偷窃来的钱，那他就是不贤德的。您只要从这个五个方面去考察他们，很快就可以做出决定了。"魏文侯听后，立刻就有了答案。

李克从大王那里出来后，刚好就碰到了翟璜。翟璜就问他说："听说魏文侯找你商量选谁做相国，有定论了吗？"

李克说："已经决定了，是魏成子。"

翟璜听了，不服气地说："我哪里比不上魏成子了？大王缺西河太守，我推荐了西门豹；大王要取得中山，我给他推荐了乐羊；大王的儿子没有师傅，我又找来了屈侯鲋；最后，西河得到了治理，中山被我们占领了，王世子品德日增，我为什么不能做相国呢？”

李克说：“你哪里比得上魏成子呢？魏成子的俸禄，大部分都用来网罗人才，所以卜子夏、用子方、段千本三人都从国外应募而来。他推荐的这三个人，大王都是以师礼来对待。而你推荐的人，只不过是魏文侯的臣仆，怎么能比得上魏成子呢？”

听了李克的话，翟璜沉思了半天，说：“您说得对，我确实比不上魏成子。”

果不其然，魏文侯选了魏成子做了相国。

魏文侯正是听了李克的话，从五个方面全方位考察人才，才最终识得人才真面目，选择了合适的人做相国。

原文

《人物志》曰:“夫心质亮直，其仪劲固；心质平理，其仪安闲。夫仁固之精，悫然以端；勇胆之精，晔然以强。夫忧患之色，乏而且荒；疾疢之色，乱而垢理；喜色愉然以怿；愠色厉然以扬；垢惑之色，冒昧无常。是故其言甚怿而精，色不从者，中有违也；其言有违而精，色可信者，辞不敏也；言未发而怒色先见者，意愤溢也；言已发而怒气送之者，强所不然也。”凡此之类，虽欲违之，精色不从，威愕以明，虽变可知也。(《反经》)

译文

《人物志》里面说:“心地光明正直的人，他的仪容就会显得强劲而宁定；心地平和的人，神态也安闲自在。一个人的仁爱之心到最纯粹的时候，就会显得正直而端庄；勇敢到了极致的时候，神色就显得骠悍而刚强。心有忧患，神色一定疲乏而枯槁；身有疾患，就显得蓬头垢面；喜色让人愉快；怒色眉横目竖；心中困惑不解，神色就莽莽撞撞，反复无常。所以，如果一个人说得非常动听，而表情与言语却不协调，心中一定有不合情理的地方；如果一个人语无伦次，可是底气十足，神色又很诚恳，那是因为他不善言辞，实际上并没有什么可疑的用心；没有说话就怒形于色的，是因为太愤怒了；言语和怒气同时喷发的，是这人急于要强迫别人改变他认为不对的事情。”凡此种种，虽然当事人想竭力遮掩，但内心的真实活动与外在的对应表现却总难随意支配。即便是受到了威吓或惊恐，临时改变他的面孔，仍然骗不了人。

解读

观人要观察色。一个人的内心活动大多会在面部表现出来，虽然有的隐藏得较深，但还是会有所表现的，这就要在与人的交往中，发现其习惯性的面部表情，以判断其内心的活动。

案例

曾国藩细致察人的故事

要观察一个人，就要从他的表情来观察，人的内心活动都会在面部表情上有所体现，即使是隐藏得再深的人也是如此。从一个人的面部表情来判断，就可以看出他内心的思想活动，从而真正了解一个人。

曾国藩是清朝名臣。他的为人处世的办法以及为官之道备受现代人的推崇。他为官清正廉明，任人唯贤。在他任职期间，曾提拔了左宗棠、李鸿章等名臣，他凭借着精明独到的判断力，常常能慧眼识英雄，为朝廷发掘了不少的人才。

有一次，李鸿章带来了三个人请曾国藩任命差谴。当时，曾国藩正吃饱饭在外边散步，他一般都有饭后缓行三千步的习惯。李鸿章不便打扰他，就和那三人在一旁恭候着。

散步之后，李鸿章立刻请他接见那三人，曾国藩却说不必了，自己已经了解清楚了这三个人。李鸿章听了，非常惊讶，立刻问其缘由。

曾国藩缓缓说道："在散步的时候，我就已经观察过那三个人了。第一个人一直低着头不敢仰视，是一个忠厚善良之人，可以给他一份保守的工作。第二个人喜欢弄虚作假，虚与委蛇，在人面前非常恭敬，等我一转过身去，就左顾右盼，将来必定阳奉阴违，不能任用。第三个人双目注视，始终盎然不动，他的功名，将不在你我之下，你可委以重任。"

之后这三个人的发展，果然都如曾国藩所预言的那般，而这第三个人就是治理台湾有功的第一任巡抚刘铭传，他为台湾的发展立下了不小的功劳。

就是这短短的散步时间，曾国藩就从这三个人的外在表现立刻判断出这些人的内在品质，可见他识人的眼光相当的毒辣，看人也非常准。一个人要有这种识人的慧眼，才能迅速判断出一个人的个性品质。

原文

又有考志。考志者，谓方与之言，以察其志。其气宽以柔，其色检而不谄，其礼先人，其言后人，每自见其所不足者，是益人也。若好临人以色，高人以气，胜人以言，防其所不足，而废其所不能者，是损人也。其貌直而不侮，其言正而不私，不饰其美，不隐其恶，不防其过者，是质人也。若其貌曲媚，其言谀巧，饰其见物，务其小证，以故自说者，是无质人也。喜怒以物而色不作，烦乱以事而志不惑，深导以利而心不移，临慑以威而气不卑者，是平心固守人也。若喜怒以物而心变易，乱之以事而志不治，示之以利而心迁动，慑之以威而气恇惧者，是鄙心而假气人也。设之以物而数决，惊之以卒而屡应，不文而慧者，是有智思之人。苦难设以物，难说以言，守一而不知变，固执而不知改，是愚佷人也。(《反经》)

译文

知人之法还有“考志”一说。“考志”的办法是通过与对方谈话来考核他的心志。如果一个人的语气宽缓柔和，神色恭敬而不谄媚，先礼后言，常常自己主动表露自己的不足之处，这样的人是可以给别人带来好处的人。如果说话盛气凌人，话语上总想占上风，想方设法掩盖自己的不足，故意掩饰他的无能，这种人只会损害别人。如果一个人的神情坦率而不轻慢，言谈正直而不偏私，不掩饰自己的美德，不隐藏自己的缺点，不防备自己的过失会使自己被动，这是质朴的人。如果一个人的神情总是讨好别人，他的言谈竭尽阿谀奉承，好做表面文章，尽量表现他微不足道的善行，因此而自鸣得意，这种人是虚伪的人。假如一个人的喜怒不会因外界环境的变化而表现出来；乱七八糟的琐事虽然使人心情烦乱，但心志不被迷惑；不为厚利的诱惑所动；不向权势的威胁低头，这种人是内心平静、坚贞不屈的人。如果由外在事物的变化而或喜或怒；因事情繁杂而心生烦乱，不能平静；见了蝇头小利就动心；一受威胁就屈服，这种人是心性鄙陋而没有血气的人。如果把一个人放在不同的环境中都能果断地处理事情，以无穷的应变能力面对猝然的惊扰，不用文彩就能表现出灵秀，这是有智慧、有头脑的人。假如一个人不能适应各种变化的情况，又不听人劝说，固守一种观念而不懂得变通，固执己见而不懂得改正，这是愚钝刚愎的人。

解读

这里列举的是一些考察人的心志的方法，通过考察一个人的心志，就知道他是个什么人，能做什么，做得怎么样。

案例

登山识人

通过一些考察人的办法，能够考察出一个人的长处和短处，从而判断出一个人适合做什么，能做到什么程度。

有一次，一个老总带着三个中层管理人员到一座海内名山来游玩，那里的风景非常秀丽迷人。当时，这三个下属都是青年才俊，老总的得力干将。走到山脚的时候，老总独自一人坐上缆车，笑着对这三名下属说：“你们就爬上来吧，看看谁的脚力好。谁要是拿到第一，就有奖品可得！”

三名下属听了，相对着笑了。比就比吧，反正年轻，谁怕谁啊！于是他们几个人伴随着鸟儿清脆的叫声、潺潺的流水声，踏着青石山道奋力地攀登起来。

一小时后，第一个登上山顶的人出现了，只见老总正对着云山苍苍，一脸平静地吸着烟。老总看到他，看了看手表，欣慰地笑着说：“一小时十五分，你的效率可真高啊！我没有看错你！”老总一边递给了他一支烟，一边说：“把你手中的照相机给我看看。”

老总打开了他的照相机，里面空空如也，一张照片都没有留下。老总富有意味地说了一句："你呀，太执着了，这样很容易急功近利的！"

半小时以后，第二个人登上了山顶。老总也同样看了他的照相机，只见里面有二十几张风景照，都是这个人认为山上很美的地方，而且拍摄的技术也很不错，无论是选景的角度，还是光与影的配合都很好。老总眉毛一舒，笑着说："还是你最懂得欣赏！"

又过半小时以后，第三个人才姗姗来迟。老总要了他的照相机来看，只见里面有一百多张照片，每一张都非常的清晰华美，美轮美奂。老总拍拍他的肩膀，感叹道："你呀，还是这么贪玩。"

一年之后，这个老总退休了。第一个人被任命为集团里唯一的副总裁，而第二个人则被提拔为总经理，只有第三个人则原地不动。

又过了很多年，这个集团在他们三个人的带领下，逐步发展壮大起来。而这个老总通过登山识人的故事也广为流传。

但是，令人大跌眼镜的是，只有最后一个上来的人成为了老总的知音。他们总是闲来无事在溪边垂钓，坐在一旁赏花谈月，常常对望一眼，就发出睿智动人的微笑。

仅仅是登山这一件小事，老总就知道这三个人的脾性，而对他们委以不同的任务。

原文

又有测隐。测隐者，若小施而好得，小让而大争，言愿以为质，伪爱以为忠，尊其行以收其名。此隐于仁贤。若问而不对，详而不详，貌示有余，假道自从，困之以物，穷则托深。此隐于艺文也。若高言以为廉，矫厉以为勇，内恐外夸，亟而称说，以诈气临人。此隐于廉勇也。若自事君亲而好以告人，饰其物而不诚于内，发名以君亲，因名以私身。此隐于忠孝也。此谓测隐矣。(《反经》)

译文

还有用探测人的内心世界的办法来认识人的，称之为“测隐”。所谓测隐的意思是，看一个人，如果发现他要吃小亏而占大便宜，让小利而争大得，言语恭顺装作老实，假装慈爱以充忠诚，小心翼翼地做事以博取好名声，这就是用仁爱贤惠来包藏祸心的人。考察一个人时，如果向他提问他不回答，详细追问他又含糊其词，外表让人感觉很有学识，打着传播真理的幌子放纵自己，为环境所困时，一旦没招就故作深沉。这是借学识理论来藏匿其良苦用心的人。观察人时，如果他大唱高调以示廉洁，装作雷厉风行给人造成他勇于作为的假象，内心恐惧却在虚张声势，屡屡自我矜夸，狐假虎威，盛气凌人，这是用廉正和英勇来包藏私心的人。若事奉君主或双亲时，喜欢向人炫耀他如何如何忠诚、孝顺，好做表面文章，其实并没有忠孝的诚心，打的旗号是事君亲，真实目的却是为博取美名，这就是用忠孝来达到个人目的的人。

解读

有些人是“聪明人”，他们吃小亏而占大便宜，让小利而争大得，用仁爱贤惠来包藏祸心。这些人在历史上有很多，这就需要用这里介绍的“测隐”之法来测试，相信一定不会逃过你的法眼。

案例

休斯顿的成功

俗话说，吃亏是福。历史上很多人都是让小利而争大得，通过给人以小恩小惠换来更大的利益。

35岁的美国人休斯顿准备通过做水果批发来挖掘自己人生的第一桶金，于是他便在斯图尔市的闹市区租了房子作为店铺。

不过，让人意外的是，他的水果批发生意走的路线非常独特。他卖的所有水果不仅质量有保证，而且价格还是全市最低的。本来质优价廉也不是不可以，不过，让人意外的是，他的水果批发价之所以这么低，是因为他所有的水果都是以零利润批发出去的。这也就意味着，他的批发生意不仅赚不到钱，还得搭上房租、水电、人力等。

这样一个没有任何生意经验的人，居然会做出这样的事情来，很多人都非常不理解。面对同行的嘲讽和亲友的质问，休斯顿没有过多的解释，但还是坚持自己的想法，零利润经营水果生意。更让人出乎意料的是，他还把自己工作七年多的积蓄全部取了出来，又在斯图尔市开始做起了首饰加工业和服装干洗业。而且依旧坚持零利润经营，价格非常低廉。

这几乎让所有的人都认为休斯顿是脑子出了问题。不可否认的是，休斯顿所从事的生意，不管是水果批发，还是首饰加工或服装干洗，生意都非常的繁忙，每天都有很多的顾客光临。不过，在这个繁荣的景象下，休斯顿必须付出不断赔本的代价。很多人都预言，他将撑不了多久就会破产。

事实也的确如此，在一年多后，休斯顿就不再营业了，他关闭了自己所有的店面。

在这之后不久，他又迅速筹措了资金，居然又新开了一家店面，而且是全市除他之外绝无第二家的店面——经营中国什锦。这一次，休斯顿改变了零利润的经营思路。

他的这一做法并没有继续让人们看笑话。他的生意开业不久，就吸引了大量消费者的眼球，美丽的中国什锦对于消费者们来说十分新奇，加上种类繁多、质量优异，他的什锦生意越做越大。在短短半年时间里，他就连开了五家分店，而且生意都非常的好。

在这种情况下，有人嗅出了商机，也跟着开类似的店面。但他们却惊讶地发现，几乎所有的人都跑到休斯顿的店里去买什锦。于是，他们只好草草收场。

很多人看到这个场景，都在感叹是休斯顿非常幸运，瞎猫撞上死耗子。只有休斯顿自己知道，自己的成功并非偶然，而是因为他前期以零利润的经营方式让民众留下了深刻印象，时间一长，所有消费者的潜意识里就有了一个自我暗示：休斯顿出售的东西，价格都是最优惠的。

因此，休斯顿正是凭借着前期给消费者的小恩小惠，才让消费者心甘情愿地购买休斯顿店里的东西，而让他获得了丰厚的利润。

原文

又有揆德。揆德者，其有言忠行夷，秉志无私，施不求反，情忠而察，貌拙而安者，曰仁心者也。有事变而能治效，穷而能达，措身立功而能遂，曰有知者也。有富贵恭俭而能威严，有礼而不骄，曰有德者也。有隐约而不慑，安乐而不奢，勋劳而不变，喜怒而有度，曰有守者也。有恭敬以事君，恩爱以事亲，情乖而不叛，力竭而无违，曰忠孝者也。此之谓揆德。（《反经》）

译文

知人还有“揆德”之法。所谓“揆德”，就是用估量一个人的品德的办法来判断人。如果一个人言语忠实，行为稳重，由于意志坚定而大公无私，做了好事不求回报，内心忠厚而明察，其貌不扬但性情安静稳健，这是宅心仁厚的人。如果一个人遇有突发性变故而能卓有成效地处理，身处穷困之境而能奋发向上，进身立功能够如愿，这是有智慧的人。如果一个人富贵显赫之后仍然恭敬勤俭而不失威严，对人彬彬有礼而不骄横，这是有福德的人。有的人处在简陋清贫的状况下而无所畏惧，处在安乐富裕的情况下而不奢侈，功劳卓著而不反叛，高兴或愤怒时都很有节度，这是有操守的人。有的人恭恭敬敬地事奉君王，恩恩爱爱地孝敬父母，与人感情不和但决不背叛，竭尽全力也始终不渝，这是忠孝的人。这样就叫作“揆德”。

解读

品人之要，还是要以品德为主。如何看出一个人的品德好坏呢，这就要看他是否大公无私，是否恭敬勤俭，是否安贫乐道，是否孝敬父母等。

案例

找不到的英雄

看一个人好坏与否，最关键的是看他的品德，主要是考察这个人是否公正无私、孝敬父母等。

有一天，一个叫史密斯的年轻人去应聘，他应聘的是美国加州一家数码影像有限公司的技术工程师职位。接待员让他在一间空旷的会议室里先等着。不一会儿，一个相貌平平、穿着朴素的老者走进来了，史密斯立刻就站了起来。

那位老者盯着密斯看了半天，眼睛一动也不动。正当史密斯茫然得不知所措的时候，这位老人一下就抓住他的手高兴地说："可让我找到你了，太感谢你了！上一次如果不是你，我可能再也见不到我女儿了。"

史密斯连忙说："不好意思，我不懂你是什么意思。"

老人语气坚定地说："上次在中央公园的时候，就是你把我的女儿从湖里救出来啊，难道你忘了吗？"

原来是这样，这位老人把自己当成了自己女儿的救命恩人了。史密斯诚恳地说："先生，不好意思，我想您肯定是认错人了。我没有救您的女儿。"

"怎么可能？就是你，不会错的！"老人坚持着说。

史密斯只好继续解释着说："先生，真的不是我！你说的那个公园我到现在都还没有去过呢！"

老人听了这句话，慢慢地松开了自己的手，失望地望着他说："难道我真的认错了吗？"

史密斯安慰着说："您不要着急，慢慢找，肯定可以找到救您女儿的恩人的！"

后来，史密斯就接到了录取通知书。有一天，他又碰到了那个老人，他便关切地问道："您找到您女儿的救命恩人了吗？"

“不，我一直没有找到他。”老人说完，就默默地走了。

后来有一次，史密斯就把这件事情和身边的一位司机说了。那位司机听了，哈哈大笑起来，说：“他哪里可怜了，他可是我们公司的总裁啊，他女儿落水的故事说了好多遍了，其实，他根本就没有女儿！”

“啊？”史密斯大惑不解。

那位司机接着说：“我们总裁就是通过这种办法来选拔人才的。他说，只有有德之人才是可塑之才！”

后来，史密斯一直在那里兢兢业业地工作，不久就脱颖而出，成为公司市场开发部总经理。再后来，当总裁退休的时候，史密斯接替了他的位置，成为美国的财富巨人。每当他谈起自己成功的经验时，他总是说：“一个人只有做有德之人，才会赢得别人的信任！”

这位总裁考察人，不是只看这个人的技术、才华怎么样，而是重点考察一个人的品德。一个人，只有人品可立一生！

原文

察者智，不察者迷。明察，进可以全国；退可以保身。君子宜惕然。(《权谋残卷》)

译文

明察秋毫的人是明智的人，不能够明察秋毫的人，就会遇事迷惑。洞察先机的人在国家能够使国家强盛，与自身可以保全自己。君子在明察这件事情上面应该有足够的重视。

解读

正因为有了明察在先，所以才不会上当受骗，才会看透人、看透事，这样既可以保存自己，当然对国家也是有好处的。

案例

草木皆兵

在看人看事时，都应该时刻保持清醒的头脑，细致地观察，只有这样，才能看透人和事，使自己立于不败之地。

东晋时期，前秦一直想着吞并东晋，以扩大自己的疆土。于是，秦王苻坚亲自带领九十万大军，气势汹汹地去攻打东晋。东晋立刻派出将领谢石、谢玄率领八万兵马去迎战。在东晋面前，苻坚非常傲慢，特别是听了前锋苻融的话，他更是丝毫没有把力量弱小的东晋军队放在眼里，就想着以多胜少，抓住机会，速战速决。于是，他派一个名叫朱序的人去晋军那里劝谢石投降。

可谁知，朱序原来是东晋的一名官员。他见到谢石后，立刻就向谢石报告了前秦军队的布防情况，并建议东晋军在前秦后续大军未到达之前袭击洛涧。谢石听了他的意见，觉得可取，就连夜出兵偷袭秦营，结果大获全胜。东晋趁胜追击，一直向寿阳进军。

当苻坚得知洛涧兵败，东晋兵正向寿阳而来的消息后，立刻吓得慌了手脚。当天夜里，他就和苻融趁着夜色登上寿阳城头，亲自观察淝水对岸东晋军的一举一动。

当时正是寒冬时节，又是阴天，远远地看去，淝水上空灰蒙蒙的一片。细看一下，对面的东晋军那里桅杆林立，战船密布。只见一个个东晋兵持刀执戟，阵容非常齐整有序。他不禁暗暗称赞晋兵布防有序，训练有素。

紧接着，他又向北面望去。只见那里八公山纵横着，山上有八座连绵起伏的峰峦，地势非常险峻。而晋兵的大本营就驻扎在八公山的山脚下。随着一阵阵西北风呼啸而过，山上的草木不停地晃动着，就好像无数的士兵在列阵。苻坚一看，立刻吓得面如土色，惊恐地转过头对苻融说："东晋兵明明是一支劲敌，你怎么和我说，它是弱兵呢？"

出师不利给苻坚留下了很大的心理阴影。于是，他命令部队靠淝水北岸布阵，希望可以凭借地理优势扭转战局。而这时，晋军将领谢玄向他要求说，希望秦军可以往后退一点点，以便让出一点地方渡河作战。苻坚心里笑说晋军将领不懂作战常识，就想趁着晋军忙于渡河的时候，给他来个突然袭击，便答应了他的要求。

可谁料到，当苻坚后退的军令一下，秦军忙于后退而阵形大乱，晋军则趁势渡河追击，把秦军杀得溃不成军。苻坚也中箭而逃。

在双方的作战中，苻坚正是因为没有仔细观察，误以为草木皆是士兵，才会在心里高估对方的实力而吃了败仗。

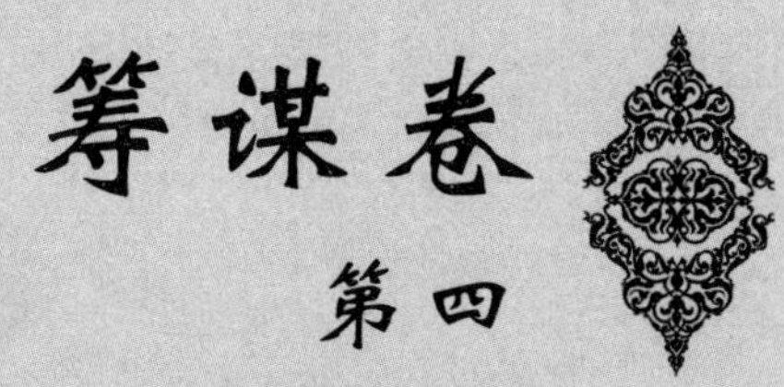

筹谋卷

第四

原文

察而后谋，谋而后动，深思远虑，计无不中。故为其诤，不如为其谋；为其死，不如助其生。羽翼既丰，何虑不翱翔千里。(《权谋残卷》)

译文

明察事情原委之后再去谋划，谋划之后再去行动，只要深谋远虑，目的就没有达不到的。所以告诉他什么事情不该做，不如为他谋划事情；为他去死，不如为他寻找一条生路。当你羽翼丰满的时候何愁不能够翱翔千里呢？

解读

看人做事只有智察还是不够的，因为光有其观点或看得明白，却没有解决之道是不行的，这就要求有谋划。这里的一句话说得真好：为他去死，不如为他寻找一条生路。

案例

管仲的买鹿制楚

做事不仅要有对事情的看法和观点，还应该要谋划解决事情的办法。

春秋时期，管仲任齐国的宰相，齐国在他的治理下，到处显现出一片欣欣向荣的景象。各地诸侯都来归顺齐国，都愿意承认齐国的霸主地位，只有楚国不愿屈服。于是，齐王打算用武力征服楚国。当时，齐国好几员大将主动请缨，要求带兵攻打楚国，但都遭到了管仲的反对。他认为眼下齐军疲惫，还不适合兴兵作战，但是他却命人日夜赶铸铜钱。

有一天，他派商人到楚国去收购鹿。在那个时候，鹿是珍稀的动物，只有楚国才有。不过，人们都认为鹿只是一种很普通的食物，所以一头只卖两枚铜币。这些商人到了楚国后，不仅大量收购鹿，还四处宣扬：齐桓公好鹿，不惜重金购买。

楚国商人见状，都十分高兴，都去贩卖鹿。所以，仅十几天的工夫，鹿的收购价从一开始的两枚铜币涨到了五枚铜币。

楚成王和楚国的大臣们听到这个消息后，都十分兴奋。他们坚持认为，齐国尽管强大，但是也马上要走向灭亡了，因为十年前的卫懿公正是因为好鹤所以才把国家灭亡了。现在齐桓公好鹿，是要重蹈卫懿公的覆辙了。所以，他们防备的心理放了下来，天天在宫殿里大吃大喝，就等着齐国因此而元气大伤，他们好趁机击垮齐国，坐上天下霸主的地位。

一段时间过去了，管仲又把鹿的价格提高到四十枚铜币一头。这一下，楚国上下都坐不住了，因为四十枚铜币相当于数千斤粮食的价格啊。于是，全国上下纷纷放下农具，都赶制猎具到深山里去捕捉鹿了。暴利还吸引了楚国的官兵，他们纷纷将兵器放下，拿起猎具，偷偷上山捕猎。

就这样，一年以后，楚国的耕地都荒废了，但是铜币却堆积如山，富得流油。

楚国人想用铜币去购买粮食，但管仲却让齐桓公发布统一号令，禁止各诸侯国与楚国通粮贸易。所以，楚国到处闹饥荒。

紧接着，管仲聚集八路诸侯大军，浩浩荡荡地进逼楚境。当战火即将点燃的时候，楚国人却傻眼了：原来这段时间，全国上下都忙着去卖鹿，农田早就荒废了，全国的农业生产都耽误了，国家的粮食储备连一个月都支撑不了。再加上大量铜钱涌入，导致物价飞涨，民怨声四起，根本无法应对来势汹汹的敌军。

于是，楚国连忙派使者去向齐国求饶，承认齐国的霸主地位。

面对齐桓公欲以武力迫使楚国承认齐国霸主地位的情况，管仲不仅反对出兵攻打楚国，还提出了让楚国臣服的办法，才顺利巩固了齐国的霸主地位。

原文

《管子》曰:“知与之为取，政之宝也。”《周书》曰:“将欲取之，必故与之。”何以征其然耶？黄石公曰:“得而勿有，立而勿取，为者则已，有者则士，焉知利之所在？”彼为诸侯，己为天子，使城自保，令士自取。王者之道也。《尸子》曰:“尧养无告，禹爱辜人，此先王之所以安危而怀远也。”圣人于大私之中也为无私。汤曰:“朕身有罪，无及万方；万方有罪，朕身受之。”(《反经》)

译文

《管子》上说:“明白给予就是获取的道理，那是为政的法宝啊。”《周书》上说:“将要从哪里求取，所以才一定要先行给予。”怎样才能证明这个道理是对的呢？黄石公说:“得到的东西却不要占有它。即使是君主建立的功业，也不要占取功名。只要尽力而为就是了，占取功名是士大夫的事，君主何必要了解功名利禄在哪里可以得到呢？”他们是诸侯，自己是皇帝要让城中的人自己保卫自己的城池，要让攻城的将士自己攻下敌人的城池。这才是打天下、坐天下的人的办法。《尸子》说:“尧抚养那些孤独无靠的穷人，禹爱罪人。”这是说古代的圣君能够使处在危难中的人安居乐业，对边远地方的人也同样给予关怀，使之臣服顺从。圣明的皇帝在最大的私情里表现出的却是无私。商汤向上天祷告说:“我一个人有罪，不要对天下百姓进行报复；天下百姓有了罪恶，请让我一个人来承担。”

解读

面对纷繁复杂的事情，从哪方面开始谋划呢？那就先从给予开始。所谓的谋都是有目的的，要想达到目的，不付出是不行的。只要先给予，那自然就会有所助，那么想做成事还难吗？

案例

有舍才有得

舍得舍得，有舍才有得。不愿意放弃任何东西，光想回报是不可能的。

从前，有三个兄弟，他们继承父业，一起去经商谋生。不过，他们都非常自私吝啬，不管什么事情，都只为自己谋算，从来不为别人考虑丝毫。

有一天，他们又到外地进了一批货物，但货物非常重，他们三个没有办法自己运送。可是，他们又赶着把这批货物运到邻村去卖。于是，三个人坐在一起一合计，就雇了一个挑夫来帮他们挑运。

经过一天的奔波，他们终于在晚上来到了一个小村庄前，并在一家旅馆住了下来。可是，生性吝啬的他们又舍不得出钱叫饭菜，就自己借老板的厨房做饭。于是，老三就到附近的菜市场买了一条死鲤鱼回来。经过一番煎炸，这条已经发臭的鱼还是有异味，于是他们又加了一些糖、味精和香料，这样一来，这条鱼倒也没什么异味了，而且看起来好像还挺好吃的。

当这盘看起来很美味的鱼被端上来的时候，三兄弟立刻迫不及待地就想吃了。

老大先发话："我要吃中间一段。"

"鱼头和鱼尾巴要留给我。"老二也不甘示弱。

"好吧，整条鱼都已经被你们分光了，那我喝鱼汤吧。"老三无奈地说道。

早就对三兄弟的吝啬有所见识的挑夫立刻就生气了，他不开心地说道："鱼都被你们瓜分完了，就连汤也被喝了，那我吃什么呢？我累了一天了，什么都不吃哪有力气干活。从明天起，你们的货物啊，还是留着你们自己挑，这个活儿，我不干了，再见！"

说完，挑夫头也不回地走了，只剩下三兄弟愣在原地。货物不能及时运过去，就耽误了赚钱的好时机，最终影响了利润。

有舍才有得。要想得到别人的帮助，首先应该向别人伸出援助之手。任何事情只会为自己的利益打算，就别奢望获得别人的帮助。这三兄弟正是时时处处只考虑自己的得失，才会让挑夫忍无可忍，甩袖而去。

原文

庞统说备曰:“荆州荒残，人物殚尽。东有吴孙，北有曹氏，鼎足之计，难以得志。今益州国富人强，户口百万，郡中兵马，所出毕具，宝货无求于外。今可权借以定大事。”备曰:“今指与吾为水火者，曹操也。操以急，吾以宽；操以暴，吾以仁；操以谲，吾以忠。每与操反，事乃可成耳。今以小故而失信义子天下者，吾所不取也。”统曰:“权变之时，固非一道所能定也。兼弱吞昧，五伯之事；逆取顺守，报之以义；各事定后，封以大国，何负于信？今日不取，终为人利耳。”备乃使关羽守荆州，欲自取蜀。(《反经》)

译文

庞统劝刘备说:“荆州由于战乱，土地荒芜，人口物产匮乏。在孙权、曹操两大集团的夹击之下，三国鼎立的局面恐怕难以形成。现在益州国富民强，老百姓超过百万，兵马、财物十分丰富，我们可以暂时借以据守，成就大事。”刘备说:“当今和我水火不能相容的是曹操，曹操的统治严厉，我的统治和缓；曹操对百姓残暴，我对百姓仁爱；曹操为人狡诈，我为人诚实。我常常和曹操相反，才能成就大事。现在要让我因为一点小事在天下人面前失去信义，这是我不愿做的。”庞统说:“情况不同就需要有灵活的策略，不能被单方面的道义束缚。兼并小国，吞灭昏主的地盘，这是从前春秋五霸所做过的事情。夺取之后，以仁义回报，事定之后再把它封为大国，又怎么能叫失信呢？你现在不夺取益州，将来恐怕要被别人得到。”刘备于是就派关羽守荆州，决定亲自率军夺取益州。

解读

有时候我们太固守于我们已有的成功经验，是很难谋划成新的事业的。要想开拓新的事业，走出你获得的小成功，就要敢于突破现有的经验，哪怕是破坏性的策略，当然这有时也是不得已而为之的。

案例

龟兔赛跑的故事

在事情面前，有的时候要不拘泥于已有优势和固定思维，敢于打破常规，这样才能找到一条宽阔而长远的道路。

在森林里面，住着一只乌龟和兔子。兔子非常看不起行动迟缓的乌龟。乌龟在一怒之下提出要和兔子赛跑。听了乌龟的提议，兔子笑弯了腰，但还是很快就答应了乌龟的提议。

为了跑赢兔子，乌龟每天天不亮就起来练习跑步，他坚信，经过自己的刻苦练习，一定可以跑赢兔子。一个月后，他俩在约定的地方见面了，一声哨响，兔子像离开弓箭的弦一样立刻往前冲。可是，尽管乌龟很努力地跑，但还是被兔子远远地甩在了背后。比赛结束后，兔子扬扬得意地嘲笑了乌龟一番：真慢，无论你再怎么努力，都不可能追上我的。听了兔子的话，乌龟难过地走了。

之后，乌龟并没有放弃，因为他觉得是自己的练习还不够，所以才会败给兔子的。一晃一个月又过去了，这一次比赛，结果还是和上次一样，兔子毫无悬念地赢了。

一连失败了几次，要是别人，估计早就认输了。可是乌龟并没有气馁，他一连好几天没有睡好觉，因为他一直在想一个问题：如果每天勤奋练习还是赢不了兔子的话，那只能说明我们的先天条件太差了，这个办法行不通的话，只能另做打算了。

没错，兔子的优势是跑得快。但和他比起来，我的优势是会游泳啊。那为什么我不可以调整一下比赛线路呢？这次又刚好轮到我来设计比赛线路，那就选择一条有河的线路吧。这样一来，兔子自然赢不了我。想到这里，乌龟为自己的聪明感到无比的兴奋。那天晚上，乌龟美美地睡了一觉。

很快，时间又过去了。在比赛前夕，乌龟和兔子说了自己的比赛线路，兔子毫不犹豫地答应了。第二天早上，乌龟信心满满地来到了比赛现场，兔子也依旧是一副不屑的样子。当哨声一响，兔子又像往常一样飞快地往前冲，乌龟照样在后面吃力地爬行着。但当兔子跑到河边的时候，不会水的兔子只能站在河边看着河水而无计可施。于是，他只好眼睁睁地看着被他甩在后面的乌龟慢慢地爬过来，然后游到河对面去。最终，乌龟第一个来到了终点线，他终于跑赢了兔子。

面对接二连三的失败，乌龟并没有退缩，而是转换了一个思路，找出自己的优势，并打破常规思维，才最终赢了兔子，取得了胜利。

原文

法正说先主曰:“曹操一举降张鲁，定汉中，不因此势以图巴蜀，而留夏侯渊、张郃屯守，身遮北还，此非其智不逮，力不足也，将内有忧逼故耳。今算渊、郃才略，不胜国之将率，举众往讨，则必克之。克之曰，广农积谷，观衅伺隙，上可以倾覆寇敌，尊将王室；中可以蚕食雍、凉，广境拓土；下可以固守要害，为持久之计。此盖天以与我，时不可失也。”先主善其策，乃率诸将进兵汉中，正亦从行。先主由阳平南渡沔水，缘山稍前，于定军兴势作营。渊将兵来争其地。正曰:“可击矣。”先主命黄忠乘高鼓噪攻之，大破渊军，渊等授首，遂奄有梁汉。(《反经》)

译文

法正劝刘备说:“曹操一鼓作气平定了汉中，迫使张鲁投降，没有趁机图谋我国，却留下夏侯渊、张郃驻守汉中，自己立即回到北方。这并不是谋略和兵力不足，而是国内有后顾之忧啊！现在分析夏侯渊、张郃的才能谋略，比不上我国的将帅，如果我们率军征讨，一定会获胜。取得汉中后一边发展农业，积累财物，一边等待机会，一旦机会到手就能马上灭亡魏国，复兴汉室，中可以逐渐拓展我们的国土，下可以坚守险要，作为长治久安的根本。这大概是上天要把它赐给我们，不能错过好机会啊。”刘备认为他的话很对，于是率领众将向汉中进军。法正也跟着去了。刘备从阳平关南边渡过沔水河，绕着山往前走不远，在定军山扎下营寨。夏侯渊领兵来争夺营地，法正说:“可以出击了。”刘备命令黄忠凭高呐喊进兵，很快击败了对方，夏侯渊在战斗中被杀死。从此，刘备全部占领了梁州、汉中一带地区。

解读

在别人的内部出现问题时，就可以趁火打劫了。法正正是看到了曹操的内部出了问题，才会劝刘备一举拿下汉中。生活中有没有这样的时候呢？多了，因为当某些集团个人强大了，就会管得多，多就必然会出问题，出了问题就是机会，关键是要看到这个机会。

案例

趁火打劫

当敌军内部出现矛盾的时候，也是敌军最为脆弱的时候，这个时候就是一个很好的机遇，如果趁此给敌军致命一击，敌人会很快溃不成军。

三国时期，袁绍因官渡之战惨败而抑郁而死。不过，袁绍的儿子和女婿依旧拥有重兵，所以袁氏的实力还是不容小觑。

刚打了胜仗的曹操打算趁胜追击，采取各个击破的方法，一举把袁氏的残余势力收拾干净。于是，曹操立刻向占领了黎阳的袁绍长子袁谭进攻，很快，袁谭就抵抗不住曹操的攻打，于是向他的弟弟袁尚求助。在兄弟两人的团结下，加之邺城城坚难攻，因此，相持了几日，仍然没有把它攻下来。无奈之下，曹操只好掉头攻打守在荆州的刘表。

看到曹操的军队撤走后，两兄弟就立刻起了内讧，他们为谁继承父亲的王位起了争执，甚至大打出手。结果，袁谭失败了，只好逃到平原。但袁尚紧追不舍，眼看就要被袁尚消灭掉了，袁谭只好向曹操求救。

曹操得知这个消息后，本来是想先消灭刘表。但是他身边的谋臣荀攸却想的更深一步，他说："现如今，天下正值多事之秋。但刘表明明占有了江汉之间，可是却没有看到他向四周出兵，由此可见，这个人不过是个胸无大志的人，所以，您不必担心他。倒是袁氏两兄弟值得注意了，他们两个拥有十万多人马，而且占地千里有余。假使他们两个和睦共处，共同捍卫业绩，那么您就很难攻下冀州了。不过现在袁谭、袁尚两兄弟正在闹矛盾，已经达到了势不两立的地步。如果一方赢了，那么所有的兵力将会聚集在一个人的手中，等到那个时候，您要是想再次攻打就很难了。所以，不如趁着他们起内讧的时机进攻他们。他们内部起内讧了，无心应付外面，这可正是难得的好机会啊。”

曹操听到他的一番话，觉得非常有道理，就采用了他这个“趁火打劫”的计谋。于是，很快就举兵来到了黎阳，先和袁谭联姻以表明自己的态度，然后兴兵攻打袁尚。到了第二年八月份，袁尚的势力全部被扫除干净。

第三年春天，正当袁谭以为天下无忧的时候，曹操却又以袁谭“负约背盟”为借口，率领军队一举消灭了袁谭的势力，很快就占领了冀州。就这样，袁绍打下的江山就落入了曹操手中。

一开始，曹操久攻袁氏兄弟而无法获胜。后来，他正是借着两兄弟内讧的良好时机，才各个击破，一举消灭了他们两个，成功占领了冀州。

原文

初，周瑜荐鲁肃才宜佐时，权即引肃对饮曰："今汉室倾危，四方云扰。孤承父兄遗业，思有桓、文之功，君既惠顾，何以佐之？"肃对曰："昔高帝区区，欲尊事义帝而不获者，以项羽为害也。今之曹操犹昔项羽，将军何由得为桓、文乎？肃窃料之，汉室不可复兴，犹曹操不可卒除。将军为计，唯有鼎足江东，以观天下之衅。规模如此，亦自无嫌。然后建号帝王，以图天下，此高帝之业也。"及是平一江浒，称尊号，临坛顾谓公卿曰："昔鲁子敬尝道此，可谓明于事势矣。"（《反经》）

译文

当初周瑜大力推荐鲁肃，认为他的才能可以担当辅佐君王之任。孙权当即召见鲁肃并与他对饮。孙权说："现在汉朝衰弱，天下大乱，我继承父兄的遗业，想建立齐桓公、晋文公那样的功绩。你既然屈驾来到我这里，将怎样帮助我实现这个愿望呢？"鲁肃回答说："从前汉高祖一心想拥戴义帝而不能如愿，原因在于项羽从中破坏。现在曹操就像从前的项羽，将军怎么能成为当世的齐桓公、晋文公呢？我私下认为，汉朝不会再复兴，曹操也不能一下子除掉。我觉得对于将军，只可占据江东，静观天下的形势变化，先保持住这块地盘也就不错了。然后打出帝王的旗号以谋取天下，这是汉高祖的功业啊！"等到现在，孙权平定了长江沿岸，建立了自己的尊号，他登上祭坛对众公卿说："从前鲁肃曾经谈到过现在的形势，可以说是明察事情的形势啊！"

解读

鲁肃是三国历史上第一个看到大汉不能复兴的人，他立足于现实，分析到曹操不可能速除，于是建议孙权先要建立“根据地”，守住江东基业，以便以后能够有所图。结果最终孙权在东吴称了帝。看来任何谋划都要立足于现实，不可急躁冒进。

案例

背水一战

做任何事情，都应该要先立足现实，认真分析情况，再谋划好相应的策略，而不可急躁，贸然行动。

汉高祖三年（前208年），韩信带着一万多新召集入伍的汉军跨过太行山，一直向东边挺进，打算攻打赵国。当时，赵王歇和赵军的将领陈余率领二十多万精干的力量聚集在太行山区的井陉口。井陉口是太行山八大隘口之一，易守难攻，特别不利于大部队行动。而且，赵军不仅占据了有利地形，而且战士不管从数量还是质量上都具有压倒性的优势。反观韩信的部队，人数只有一万多人，而且都是新召集起来的，加之千里行军，人马疲惫，丝毫不占据任何优势。

当时，赵军谋臣李左车向陈余建议，一开始正面无须作战，但可以用一部分兵力绕到汉军后面去切断他们的粮道，最后来个前后夹击，这样就可以很快擒获韩信了。但陈余是一个坚持正面作战的古典派军人，加上他认为韩信兵少而疲，完全可以正面作战，于是拒绝了这一个建议，而举兵正面攻击。

韩信深知敌我双方力量悬殊，如果贸然强攻，必然会失败。于是他在离井陉口很远的地方驻扎了下来，并反复研究井陉口的地形和赵军的布局。当他得知陈安没有采取李左车的建议，而且还有轻敌的情绪时，他立刻计上心来。

当天晚上，他亲自挑选了两千轻骑，并让每人带上一面汉军的红旗，趁着夜色悄悄从山间小道绕到赵军的后方埋伏，只等第二天赵军出动的时候，趁着营垒空虚进攻他们的大营。

第二天一早，韩信就命令全军主力都来到河边背水列阵。当赵军的人员看到汉军背水列阵时，都纷纷嘲讽韩信不懂兵法，背水列阵，军无退路，是用兵之大忌啊。

过了一会，天已然大亮。于是，汉军中响起一阵激越的鼓声。一队旗仗转出，韩信在众多将领的簇拥下，骑着马来到了阵队前方。陈余看韩信力量单薄，而自己又占据了有利地势，于是立刻就率领一队人马出来迎战，想要把韩信活活捉住。

可是，当陈余他们一出来，韩信他们就立刻弃旗而去，跑到自己的阵列中去。陈余见此，心里十分得意，于是命令全营的部队全部出击，直取汉军。汉军因临河而无路可退，于是各个奋勇杀敌，厮杀了半日，赵军依旧没有占据上风。这个时候，赵军的阵营中已经全部空了，于是韩信预先埋伏的两千兵马立刻杀入阵营中，并在营中插满了汉军的红旗。前方厮杀的赵军见自己的阵营都已经被攻占了，立刻就阵形大乱。于是，汉军趁机绝地反击，把二十万赵军杀得片甲不留，就连陈余也不例外，而赵王歇则被活活捉住了。

面对赵军强大的力量，韩信没有盲目冒进，而是分析敌我形势，并采取智取的办法将赵军一网打尽。

原文

及太祖破丸，或说公：“遂珠之，尚兄弟可擒也。”公曰：“吾方使康送尚、熙首，不烦兵矣。”九月，公引军自柳城还，康即斩送尚、熙首。状将问曰：“公还，而康斩送尚、熙，何也？”公曰：“彼素畏尚等，吾急之，则并力，缓之，则自相图，其势然也。”(《反经》)

译文

等到曹操攻克乌丸，有人劝说曹操：“趁势去征伐他们，就可以活捉袁尚兄弟了。”曹操说：“我正让公孙康把袁尚、袁熙的首级送来，不烦劳将士们了。”九月，曹操率军从柳城班师还朝，公孙康马上就杀了袁尚、袁熙，送来他们的首级。众将问：“你回来，公孙康就送来袁尚、袁熙的首级，这是为什么？”曹操说：“他一向害怕袁尚等人，我如果逼迫他，他们就会团结一致；我对他宽松，他们就会自相残杀。这是他们之间的矛盾纠葛和力量对比造成的。”

解读

在历史上，曹操有其超人的胆识和过人的决断力。在如何面对袁氏兄弟和公孙家族时，他正是看到其中的利害，才会适时而止，静观其变。有时候等也是一种谋略。

案例

以不变应万变

面对问题，不一定要急于取胜，如果能够静观其变，往往会有意想不到的结果。

公元前369年，魏国和韩赵交战，韩赵两国联合共同对抗魏国。但是在那一年，魏国国君魏武侯去世了，他的两个儿子魏罃和魏缓因为父亲的王位继承权而发生了争执，势力较为薄弱的魏缓打不过魏罃，只好逃到了赵国的都城邯郸，并向赵国的国君求助。

当时，魏国的大夫公孙颀也恰好从宋国进入到了赵国，并从赵国辗转到了韩国，一路上做起了说客。他来到韩国后，立刻就劝说韩国发兵攻打魏国。他说，现如今，魏罃虽有王错相助，挟据上党，但也不过占据了半个魏国而已，如果能够趁着魏国内乱这个大好时机，联合赵国一起进攻魏国，一定可以除掉魏罃并打败魏国，这可是个难得的好时机啊。

韩懿侯听了他的分析，十分高兴，当即就决定和赵成侯合作。于是，赵成侯与韩懿侯亲自率领两国军队，大举讨伐魏国。当联军向魏国的都城安邑逼近时，魏罃坐镇都城亲自指挥，立刻命令魏军在浊泽迎战。无奈寡不敌众，韩赵联军大败魏军于浊泽，进而把安邑包围了。

魏罃在安邑城内束手无策，只好静观其变，寻机破敌。但刚刚取得了胜利的韩懿侯和赵成侯因意见不一致而起了争执。赵成侯极力主张铲除魏罃，拥护魏缓，只要魏国割地给他们就可以退兵了。但韩懿侯却觉得这样会被其他人视为贪暴，是不道义的，只要把魏国分为两个国家，并控制魏国的势力范围，让他们的力量一直保持在弱小的状态就可以了。这样的话，韩赵两国以后就再也没有魏国这个隐患了。

韩懿侯和赵成侯就这个问题争执不已，谁也不肯让步。这让韩懿侯大为不悦，于是，连夜就带着军队离开了魏国。而赵成侯见赵军势单力薄，难敌魏国，也就不再恋战，撤兵而走了。联军不攻自破，安邑也立刻脱离了险境。于是，魏罃立刻借机杀死了魏缓，自立为君，即后来的魏惠王。

魏罃在浊泽之败后，几乎是面临绝境，但他没有轻举妄动，而是镇静待敌，采取静观其变的策略，最终却反败为胜，保卫了魏国领土的完整。所以，面对敌人时，最好的办法不一定是进攻，关键应该在于要把握战役的主动权，静观其变，以不变应万变，等待最好的时机。

原文

王室虽靖，而二方未宾，乃问贾诩曰:“吾欲伐不从命，以一天下，吴蜀何先？”对曰:“攻取者先兵权，建本者尚德化。陛下应期受禅，抚临率土，若绥之以文德，而俟其变，则平之不难殷。吴、蜀虽蕞尔小国，依山阻水，刘备有雄才，诸葛亮善治国，孙权识虚实，陆逊见兵势，据险守要，泛舟江湖，皆难卒平也。用兵之道，先胜后战，量敌论将，故举无遗策。臣窃料群臣无权、备对，虽以天威临之，未见万全之势。昔舜舞干戚，而有苗服。臣以为，当今宜先文后武。”文帝不纳，后果无功。(《反经》)

译文

朝廷内部虽然安定了，可是吴蜀二地还未归顺。魏文帝于是问贾诩说:“我想讨伐不听从号令的逆臣，以统一天下，吴国和蜀国先伐哪一个呢？”贾诩回答说:“攻城略地首重用兵权谋，建立基业崇尚道德教化。陛下应运登基，统治国家，假若抚之以礼乐教化而待其变乱，那么平定他们也就毫不困难了。吴、蜀虽然是蕞尔小国，但是都有崇山巨川作屏障，而且刘备有雄才，诸葛亮善治国，孙权识虚实，陆逊会用兵，他们据险守要，战船往来于江湖，都很难一下子消灭掉。用兵之道是具备了必胜的条件然后出击，根据敌人情况选派将领，这样才能动无失策。我私下揣度，群臣中没有刘备、孙权的对手，尽管凭借朝廷的威严去对他们动武，仍然看不到万无一失的情势。从前舜动用武力而有苗臣服，我认为眼下还是先文后武为好。”魏文帝没有接受。后来果然兵败，没有成功。

解读

当自己的力量与对方的力量还有很大差距时，就要先休养生息，做好各种准备，最好先搞好外交工作，以迷惑对手，如果冒然进攻，必然是失败的结局。

案例

越王勾践卧薪尝胆

当面对的敌人比自己强大时，这个时候不要贸然行动，而应该对外营造良好的氛围，对内加紧准备，强大自己的力量，只有这样才能获得最终的胜利。

春秋时期，吴国和越国相互争夺霸主地位，战事频仍。终于，两国经过长期的战争，越国终因力量不敌吴国，只好向吴国俯首称臣。而越王勾践被吴王扣压在吴国，失去行动自由。不仅如此，吴王为了羞辱勾践，还命他去干看墓和喂马这些奴仆才做的工作。

受此大辱的越王勾践立志要一洗雪耻，一心复国。但是眼下吴国如此强大，越国已经被吴国侵占了，他只好极力装出忠心顺从的样子。每当吴王出门的时候，他就走在前面为他牵马；每当吴王生病的时候，他在跪在床前尽力照顾，吴王看他这样尽心尽力伺候自己，觉得他对自己非常忠心，最终就允许他返回越国。

当越王回国后，洗刷自己在吴国当囚徒的耻辱的愿望就更强烈了。为了告诫自己不要忘记复仇雪恨，记住教训，他每天睡在坚硬的木柴上，还命人在门上吊一颗苦胆，每当吃饭和睡觉前都要品尝一下。

不仅如此，他还意识到越国还不是吴国的对手，于是依然假装臣服吴国，年年向吴王夫差进献各种各样的金银珠宝，以此麻痹夫差。同时，在国内则加紧准备，采取了一系列富国强民强军的政策。他经常到民间体察民情，帮助老百姓解决困难和问题，让人民过上安居乐业的日子，还加紧招募兵马，并加强军队的训练。

经过几年的修生养息，越国的实力大大增强了。不仅人丁兴旺，物资丰足，人心稳定，还实现了兵强马壮。

而这个时候的吴王夫差早已经被胜利冲昏了头脑，以为越王勾践是真心臣服于他，丝毫不把越国放在眼里。不仅如此，他还越发狂妄骄纵，十分凶残。如果有大臣向他进谏，他一定会很不耐烦地把他赶走。渐渐地，他亲近小人，重用奸臣，堵塞言路，还把一代忠臣名将伍子胥给错杀了。在生活上，吴王更是放荡了，追求骄奢淫逸的生活，四处搜刮珠宝，还大兴土木，闹得民穷财尽，全国上下怨声一片。

终于，在公元前473年，吴国因灾导致全国颗粒难收，而吴王丝毫没有把这个放在心上，导致饿殍遍野，民心涣散。

这个时候，准备充分的越王勾践选中了一个好时机，他趁着吴王夫差北上和中原各个诸侯在黄池会盟的时候，率兵大举进攻吴国。而这个时候的吴国早已经被吴王夫差败得差不多了，根本没有抵抗的力量，于是，很快就被越国击破灭亡了。

当吴国力量比较强大的时候，越王勾践并没有自暴自弃，放弃强国复仇的决心，而是对外搞好外交，迷惑吴王，对内加紧准备，富国强兵，所以才能一举攻下吴国。

原文

初，晋文王欲遣钟会伐蜀。邵悌曰："今钟会率十万余众伐蜀，愚谓会单身无重任，不若余人。"文王曰："我宁当复不助此耶？若灭蜀后，如卿所虑，当何能办？凡败军之将，不可以语勇；亡国之大夫，不可以图存，心胆已破故也。若蜀已破，遗人震恐，不足与图事。中国将士各自思归，不肯与同也。若作恶，祗自族耳。"会果与姜维反，魏将士愤发，杀会及维也。（《反经》）

译文

当初晋文王司马昭派钟会攻打蜀国。邵悌说："现在钟会率十多万大军伐蜀，愚下认为，钟会单独出兵不守重任，不如派其他人去。"晋文王说："我难道还不懂这一点吗？如果蜀国被消灭后出现你所担心的情况，那我怎么能有办法对付呢？一般来说，败军之将，不能和他们谈论勇武；亡国的大夫，不能和他们图谋保存社稷。蜀国战败后，蜀人已被吓破了胆，因此之故，不必担心。如果蜀国已经被攻克，其他的人都会被震慑住，不值得和他们图谋大事。中原的将士都思乡心切，不愿和钟会他们同心协力。如果钟会想叛逆，只能是自取灭族。"钟会果然和姜维谋反。魏国将士愤起杀死了钟会和姜维。

解读

用人之时也要有防人之心，这就需要在最初谋划事情时做好各种准备，既能让有才能的人发挥其最大的作用，又要在他反叛之时，有所制衡。制衡之道，是各种权谋的一个基本的原则。

案例

杨永泰之死

管理者在用人的时候要讲究制衡之道，就是说不仅要想着怎么能够充分发挥一个人的最大作用，还要预算好这个人可能造成的破坏，并做好应对的准备措施。

杨永泰是北京大学法律系的一名高才生，当时被称为法律系四杰。他在1917年参加了孙中山的护法运动，在运动失败后，他很受挫折，之后就很少出现在政治舞台了。

1928年，在黄郛的引见下，见到蒋介石。当他说到天下大势的时候，他的条理非常清晰，而且视野很开阔，不仅如此，两个人还有不少相同的政治见解，蒋介石大有相见恨晚的感觉，立刻就邀请他来自己这里担任职务。

但是，善于揣度人心的杨永泰已经洞悉了蒋介石的心理，知道他一向喜欢用那些不屑做官的人。于是，他立刻表明自己并不想要做官，而且称中国的问题十分复杂，特别是国民党内部派系林立，自己不想深陷其中，而只想以平民之身，为他效力。听了杨永泰的话后，蒋介石就更高兴了，立刻就想对他委以重任，还兴奋地把自己比作刘备，将他比喻成诸葛亮。

杨永泰是一个官场老油条，深谙权术。在他上任之后，他向蒋介石献了不少策略，帮助蒋介石消灭军阀力量，铲除异己，这让蒋介石十分高兴。在中原大战期间，他极力主张要采取一切手段收买张学良，在“剿共”时期，又主张“三分军事，七分政治”，并提倡“新生活运动”，这些策略都被蒋介石采纳了。

虽然杨永泰有过人的才识和能力，但也是个十足的小人。他非常善于揣度人心，所以每次和蒋介石谈话之前，他都会准备好两手策略，再根据蒋介石的倾向和意图来说出他的策略，当时被人们戏称为“乾坤袋”。这样尽管一开始会让蒋介石非常喜欢，但时间一长，不免让蒋介石心生疑虑，为何杨永泰每次都能不犯错误。而且从他的经历来看，他一直在官场中混，还有不光彩的经历，因此，自己很有可能是被小人蒙骗了。

由于蒋介石对杨永泰的信任，他把很多重要的事情都交给杨永泰去处理，时间一长，杨永泰就开始得意忘形了。不仅国民党所有重要军政文电他必须过目，就连军政大员要见蒋介石都必须由他来安排，而且他还开始刻意培养自己的政治势力。

1936年10月25日，在与日本领事会面时，骄纵的杨永泰还说出一句话：日本在中国的一切事情，他都可以代表委员长负责。这句话传到蒋介石耳朵里，让他知道了杨永泰的狼子野心。

在那天会面结束后，杨永泰来到汉江口的汉关码头，准备乘坐专用的轮渡回武昌，当他登船时，就被一个刺客用枪杀害了。而蒋介石知道这件事后，只是表示非常惊讶，命令下面的人认真侦查，最后却也是不了了之。

在得知杨永泰的才华后，蒋介石表示十分赏识，而且大胆起用了他。但他并没有放任杨永泰不管，而是在发现他的狼子野心后，立刻采取了措施控制局面，避免了小人作乱。所以，在用人时，要有用人和防人之心。

原文

勇者搏之，不如智者谋之。以力取之，不如以计图之。攻而伐之，不如晓之以理，动之以情，诱之以利；或雷霆万钧，令人闻风丧胆，而后图之。(《权谋残卷》)

译文

勇敢的人的争斗，不如智慧的人的谋略。靠武力去争取，不如靠智慧来达到目的。直接的武力攻伐，不如对他们想讲清楚道理，再用感情来打动他们，再用利益来诱惑他们。否则即用迅雷不及掩耳之势对敌人发起进攻，使敌人闻风丧胆，然后再谋图他们。

解读

这里讲的是两种处境下的面对方法，当遇到较强大的人时，就要尽量使智，因为使用武力，就会出现“伤人一千，自损八百”的情况。当遇到较弱小的人时，最好是一举将其拿下，然后再对其提出各种要求。

案例

迷惑计

当面对强大的敌人时，不可以盲目强攻，而必须采取智取的方式；而当敌人力量弱小的时候，就要抓住机会，迅速出击，将敌人拿下。

战国末年，秦国的一位年轻的将军李信带着二十多万人的军队进攻楚国。一开始，秦军攻势凶猛，锐不可当。但是不久，李信就中了楚国将领项燕的伏兵之计。于是，秦军丢盔弃甲，狼狈而逃，损失惨重。不久后，秦王请来了已经告老还乡的老将王翦。

这一次，王翦又带着六十多万的军队驻扎在楚国的边境。刚打了胜仗楚军士气高涨，他们见状，立刻就发起了进攻。可是王翦却丝毫没有进攻的意思，只是在原地一心一意地修起了城墙，做出一副筑城墙而自守的态度。于是，两军对峙。楚军急功近利，想要迅速把秦军打下来，可是又久攻不下。

正当楚军着急上火的时候，王翦却不急不慢，他鼓励军中的将士们每天吃饱喝足，养精蓄锐，休养生息。经过很长一段时间的休养，军中的将士们各个都身强力壮，精力充沛，蓄势待发。再加上他们无事时勤加操练，技艺突飞猛进，王翦见此，心里非常开心。

经过一年时间的相互僵持，楚军早已从一开始的焦急中松懈了下来，军中将士人人都认为秦军不过是防守自保，并没有进攻的意思，于是打算往东撤退。

当楚军开始撤退时，王翦立刻就意识到了楚军已经完全放下了戒备心理，这可是个大好的机会啊。于是，他立刻命令部队整装出发，追击撤退的楚军。经过这么一段时间的休养，秦军将士人人如猛虎下山，很快就将楚军杀得溃不成军。

终于，在公元前 223 年，秦国将楚国消灭了。

一开始，王翦面对士气高涨的楚军，并没有急于攻下他们，而是原地修筑城墙，打算借此迷惑楚军，当楚军放下了对秦军的戒备心理后，这个时候的楚军是最为涣散的时候，王翦又立刻下令去进攻楚军，所以才打得楚军落花流水。

原文

人皆知金帛为贵，而不知更有远甚于金帛者。谋之不深，而行之不远，人取小，我取大；人视近，我视远。未雨绸缪，智者所为也。(《权谋残卷》)

译文

人们都知道黄金丝帛贵重，而不知道有比黄金丝帛更为贵重的东西。谋略不够深远，行动不久就会遇见很大的阻力。别人选择小利，我看重志向；人们看得近，我考虑深远。未雨绸缪，是有智慧的人才能够达到的。

解读

现在的人们多是看重金钱的多少，却忘了挣钱的方法才是最重要的。只要掌握了高超的钓鱼之术，还怕钓不上鱼来吗？

案例

授人以鱼不如授人以渔

俗话说：授人以鱼不如授人以渔。在面临鱼与渔的抉择时，我们应该要有长远的眼光，必须明白，与其要几条鱼填一时口腹，倒不如掌握钓鱼的方法，解决长远的生计问题。

在很久以前，有两个人经过长途跋涉，都饥饿难耐。在一个偶然的机会下，他们得到了一位长者的恩赐，一根鱼竿和一篓鲜活硕大的鱼儿。长者对他们说："现在我手中只有这两样礼物送给你们，但你们每个人只能挑一样，哪个先来呢？"

其中一个人迫不及待地说自己要那一大箩筐活蹦乱跳的鱼，另外一个人则说自己要长者手中的那根鱼竿。于是，很快地，长者就把手中的礼物分给了他们。这两个人在得到长者的恩赐后，就分道扬镳了。

得到鱼的那个人早就饿得不行了，他一动也不愿意动，就在原地找到了一些干柴火搭起了篝火，然后煮了一锅鲜美的鱼汤。当鱼汤的香味飘出来的时候，他就立刻狼吞虎咽起来。他还来不及品味鱼的美味的时候，很快那一锅鱼汤就被他吃掉了。吃完鱼的他，心满意足地打了个饱嗝就在原地休息了。不出几天，鱼就被他吃了个精光。没有了食物的他又回到了之前的饥饿状态，很快，他就饿死在了空空的鱼篓旁边。

而另外一个人尽管也非常饿，但是他却依旧咬紧牙关，一步一步艰难地向海边走去。尽管一路上肚子一直和他抗议，他还是坚持着走下去。终于，他看到了那一片蔚蓝色的大海。于是，他在海边用长者的鱼竿钓起了鱼。不一会儿，鱼就上钩了，钓到鱼的他也终于吃上了鲜美的鱼汤。从此之后，这个人就在海边搭起了一个小房子，并每日以钓鱼捕鱼为生。

授人以鱼只能救人一时之急，而授人以渔则可解一生之需。所以，我们在考虑问题的时候，要从长远着想，及早谋划，才能走出一条宽阔而又长远的道路。

度势卷

第五

原文

势者，适也。适之则生，逆之则危；得之则强，失之则弱。事有缓急，急不宜缓，缓不宜急。因时度势，各得所安。(《权谋残卷》)

译文

形势，是需要你去适应的。能够适应它的人就能安生，不能够适应它的就危险了；得到形势帮助就会变得强大，得不到形势帮助就会变得弱小。事情有缓有急，该尽快解决的事情不应该拖得太久，该慢慢来的事情不应该操之过急。应根据当时的形势分析对策，才能平安无事。

解读

办任何事情都要看时机，时机是什么？就是适宜性。如果做事没有这个适宜性，就不能把事办好，办漂亮。时机就是万事俱备，只欠的那个东风，东风来了，才能行动；东风不来，就要等着。

案例

诸葛亮出山的故事

当时机没有到来的时候，应该要静候时机，而不要贸然行动。

公元 181 年，诸葛亮在琅邪郡阳都县的一个官吏之家出生了。但很不幸，在他 3 岁的时候，母亲章氏病逝，8 岁的时候，父亲也去世了。于是，失去了双亲的诸葛亮和弟弟一起寄养在叔父诸葛玄家。在诸葛亮 15 岁的时候，他的叔父诸葛玄来到荆州襄阳投奔刘表，在他的手下做事。

公元 197 年，诸葛亮的叔父诸葛玄病逝。诸葛亮此时已 16 岁，平日好念《梁父吟》，又常常以管仲、乐毅比拟自己，但当时的人都没有认识到他的才干，只有徐庶、崔州平等好友相信他的才华。

本来受叔父的影响，诸葛亮应该继续为刘表效力。但聪明的他却看到刘表昏庸无能，根本就不是一个值得托付的主子。但是，现在自己实力还不够雄厚，而且当今天下还没有看到胸怀大志的英才，所以他决定暂时隐居起来，再等待好的时机。于是，他携带全家来到了结庐襄阳城西 20 里的隆中山中隐居起来。他一方面博览群书、勤于思考；另一方面拜师访友，广泛地与社会接触。经过 10 年的艰苦磨砺，逐渐成为一名学识渊博、见解独到的青年才俊。

当时，刘备还只是依附于刘表，屯兵于新野。有一次，刘备在和司马徽会面时，听到司马徽说："现在这些儒生都是见识短浅的人，怎么可能了解现今天下的时事？识时务者为俊杰，现在能称得上是俊杰的，只有两人，那就是卧龙和凤雏。"听到司马徽的话，亟须人才的刘备心里为之一动。不久后，在他和徐庶的一次谈话中，徐庶又大力向他推荐诸葛亮，于是，他当即表示，希望徐庶可以带着诸葛亮来见他。但深知诸葛亮为人的徐庶却面露难色地说："这个人，您可以去见他，但不能够让他屈就来见你。将军您应该屈尊亲自去拜访他。"

于是，刘备带着关羽和张飞亲自前去拜访，去了三次才见到了诸葛亮，史称这三次拜访为"三顾茅庐"。当诸葛亮见到刘备时，他知道机会终于来了。当时的刘备在诸侯中被人称为英雄，因为他对朋友很诚恳、很讲信义，即使对一般的人也很有礼数，而对老百姓也非常仁慈。加上刘备身边一直缺少一个谋臣，这对于诸葛亮来说，是一个绝佳的机会。所以，当刘备问起："现如今，汉室衰败，奸臣挟天子以令诸侯。我没有估量自己的德行与能力，就想凭借大义来重振天下，无奈智慧、谋略不够，所以今日仍一事无成。不过我的志向依旧没有被磨灭，先生有没有什么好的计谋可以帮助我？"

诸葛亮稍加沉思，就把自己的三分天下之计向刘备表露出来，他分析了曹操不可取，孙权可作援的形势；又详述了荆、益二州的州牧懦弱，有机可乘，而且只有占领了这两个州才有争霸天下的可能；并向刘备讲述了攻打中原的战略。刘备听后大为赞赏，极力邀请诸葛亮相助，于是诸葛亮便出山入幕，并在后来辅佐刘备的过程中，充分发挥了自己的聪明才干而流芳千古。

诸葛亮在时机不成熟的时候，隐居在隆中潜心学习，所以才能在后来以对天下形势中肯的分析赢得刘备的赏识。

原文

百六之运，推迁改移，不为尧存，不为桀亡。君子小人无贤不肖，至人无可奈何。知其不由智力也。(《反经》)

译文

天下大事，随着时间的推移在不断地变迁流逝，既不会因尧舜贤德而停滞，也不会因桀纣无道而消失。谁是君子小人？何为贤惠愚妄？都没个定准，这是至高至明的圣人也没办法的事情。由此可知，一个人的好坏，并不完全取决于他的智力。

解读

势是什么，用现在的话来说，就是潮流。当一股潮流到来的时候，就能挟裹各种各样的人朝同一方向行进，这是很难抗拒的。人们常说：历史潮流，浩浩荡荡，顺之则昌，逆之则亡，就是这个道理。这种潮流，是如何形成的呢？除个别时候，是由民意形成之外，更多的时候是由掌握最高权力的人推动起来的，所以权与势总是联系在一起的。正因如此，势或曰潮流就有好有坏，既可使人向善，也可使人向恶。

案例

唐乃康建校

潮流有好有坏，我们做事，既要顺应时代潮流，又不能为时代潮流所淹没。

民国初期，唐乃康随老乡“辛亥革命首功之臣”陈英士来到上海，担任沪军都督府秘书一职。当时的中国正处于积贫积弱的时期，很多人寄希望于办学校来强国。当时以教育来救国主要有两种方式：一种是为官发财，然后捐资助学；一种是发动社会名流募集善款来建学。

唐乃康也是一个心怀救国热血的青年。于是他于1915年自己开创了上海市市北中学，并自任校长。当时，他将自己的办学主张概括为：“适应时势之潮流，而不为潮流所激荡。”这个也是非常好理解的，在当时教育救国的背景下，创办学校是很多人都会去做的事情，但多是通过上面提到的两种途径去集资建学。但是唐乃康却完全是凭借一己之力全身心的创办学校。

“适应时势之潮流，而不为潮流所激荡”，时代的烙印体现在唐乃康的身上，就是让他胸怀救亡图存和教育救国的远大抱负。他曾专门写了一篇文章来阐述他对市北中学的建学目标：“即收回租界上之教育权是也。”他还说“苟多一国人自设之学校，即可减少外人文化侵略之若干力量。”唐乃康费尽心思建立的“国人自设之学校”，选址在闸北，是由于闸北交通便利，在当时已经成为了最大的都市化移民区。所以，学校设立在那里，减少文化入侵的作用就能够得到最大的发挥。

随着上海市市北公学（小学部）的不断发展，唐乃康又拿出自己多年的积蓄，在永兴路买了5亩8分土地建筑校舍，并在1921年建成了，这样，市北公学就增设了初中部。1924年又增加了高中部，学生也达到了千余人。

唐乃康正是顺应时代潮流，才大力建设各类学校，但又不忘教育的本质，不仅个人出资建校，还注重发挥教育在育人、文化发展上的作用。

原文

七国时，秦王谓陈轸曰:“韩、魏相攻，期年不解。或曰救之便，或曰勿救之便，寡人不能决，请为寡人决之。”轸曰:“昔卞庄子方制虎，管竖子止之，曰:‘两虎方食牛，牛甘必争，争必斗，斗则大者伤、小者死。从伤刺之，一举必有两虎之名。’今韩、魏相攻，期年不解，必是大国伤，小国亡。从伤而伐之，一举必有两实。此卞庄刺虎之类也。”惠王曰:“善。”果如其言。(《反经》)

译文

战国的时侯，秦惠文王对陈轸说:“韩国和魏国互相攻伐，战事已一年多了，还没有分出胜负。有人告诉我解救他们比较好，有人告诉我不解救他们比较好。寡人不能决定，希望你为我出个主意。”陈轸回答说:“从前卞庄子要刺杀猛虎，旅舍中有一位童子阻止他说:‘那两只老虎正要吃牛，吃得痛快时必定会引起争夺。如果发生争夺，就必定会争斗。一争斗，那么大老虎便会被咬伤，小老虎便会被咬死。这时你再将那只受伤的大老虎刺杀，这样一举必可得到刺杀双虎的名声。’如今，韩、魏两国互相攻伐，战事已连续一年还不停止。这样一定会使大国损伤，小国破灭。那时大王再讨伐受损伤的国家，便可一举灭掉两国，这和卞庄刺老虎是一样的道理啊。”秦惠文王说:“好。”于是采纳了陈轸的意见，结果完全和陈轸预料的一样。

解读

文中所提到的卞庄刺虎的故事，众所周知，俗语又称“坐山观虎斗”。这一故事比喻对别人的相互斗争暂取旁观态度，等到他们两败俱伤的时候，再从中取利。其实，寓言本身有其局限性。二虎相斗，必然会出现一死一伤的结果，但在人事活动中，往往有时出现这样一种情况，即双方相互斗争的结果并非一死一伤，而是一方战胜并吞并或挟持了另一方，其实力得到加强，那么最初旁观的第三方将面临更加强大的敌人，这时就要时刻关注局势，防止一方做大。

案例

渔翁之利

当敌军双方发生矛盾时，最好的办法不是立刻出手将两个一网打尽，而是采取静止不动的办法，让他们互相残杀，力量削弱，甚至自行瓦解。等到两败俱伤的时候，再迅速出手，就可以很快地将两方打败。

从前，有一只河蚌张开蚌壳躺在舒服的河滩上惬意地晒着太阳。当它眯着眼睛享受温暖的阳光的时候，忽然，一只鹬鸟刚好从河蚌身边经过，它发现了张开蚌壳的河蚌，立刻就用嘴去啄它的肉。那只河蚌被鸟啄得非常痛，立刻就把两片壳给合上了。那只鹬鸟还来不及把自己的嘴拔出来，就被蚌壳紧紧地夹住了。被夹住了嘴的鹬鸟十分焦急，用尽全身力气，却还是不能把自己的嘴拔出来。

太阳越来越大，被鹬鸟拖住的河蚌也脱不了身，想回到河里去却无奈怎么也回不去。于是，河蚌和鹬鸟争吵了起来。鹬鸟贫声贫气地说："要是几天不下雨，就不会有水，没有了水，你就回不到河里去，到时候看你死不死。"

听了鹬鸟的话，河蚌心里非常生气，立刻就回道："如果我不放开你，一天、两天之后，你的嘴拔不出来，到时候你也别想活着，总是会饿死的！"

就这样，它们两个你一句、我一句的一直吵个不停，谁也不肯让谁，直到最后双方筋疲力尽地都躺在河滩上。

这个时候，早就看到这一切的打鱼人从芦苇里面走了出来，立刻弯腰把它们一起捉回去了。

要取得胜利，不能光凭勇敢，而要运用智慧。当鹬鸟和河蚌一开始争执的时候，打鱼人并没有急着把它们捉住，而是等到它们互相把对方折磨到筋疲力尽的时候再出手，轻松地把它们捉住。

原文

昔曹公征张鲁，定汉中，刘晔说曰："明公以步卒五千讨诛董卓，北破袁绍，南征刘表。九州百郡，十并其八，威震天下，势慑海外。今举汉中，蜀人望风，破胆失守，推此而前，蜀可传檄而定也。刘备，人杰也，有智而迟，得蜀日浅，蜀人未附。今破汉中，蜀人震恐，其势自倾。以公之神明，因其倾而压之，无不克也。若小缓之，诸葛亮明于理而为相，关羽、张飞勇冠三军而为将，蜀人既定，据险守要，则不可犯也。今不取，必为后忧。"曹公不从。居七日，蜀降者说："蜀中一日数十惊。"备斩之而不能禁也。曹公延问晔曰："今尚可击否？"晔曰："今已小定，未可击也。"（《反经》）

译文

从前曹操征伐张鲁，平定汉中，刘晔曾建议说："您以五千名步兵讨伐董卓，向北攻破袁绍，向南征服刘表。天下的州郡，十有八九被兼并，因而威震天下，声扬海外。现在占领汉中，蜀人望风丧胆，城池失守，照这样向前推进，蜀地用一纸檄文就能平定。刘备，是人中之杰，虽有智慧却是后来的，得到蜀地的时间短，蜀人尚未归附他。现在攻破汉中，蜀人得知后非常震恐，形势对刘备非常不利。以您的神明，如果乘着形势对刘备加紧攻伐，没有不胜的。如果稍一松懈，有明察事理的诸葛亮为相，有勇冠三军的关羽、张飞为将，蜀人一旦安定了，据守险要，那就不能轻易侵犯了。今日不攻取，一定会成为后患的。"曹操不听从。过了七天，投降魏的蜀人不断劝说刘备："大势已去，蜀中人惧怕曹操，一日内惊恐数十次。"刘备连续斩杀劝降者，却不能禁止。这时，曹操叫来刘晔说:“现在是否还用进攻？”刘晔说:“现在蜀地已初步平定，不能再进攻了。”

解读

曹操南下，遇孙刘联军而败。然后他就西进，但在西进中，他又失了势，给了刘备以可乘之机。如果他听从刘晔的建议，或许历史就要改写了。

案例

稍纵即逝的机会

当面对合适的机遇的时候，要该出手时就出手，坚决果断地做出选择，只有这样才能抓住良好的机遇。

小时候的拿破仑·希尔小是一个心思十分细密的孩子。他发现，如果自己想要得到的东西或是想要做的事情不立刻表态或是立刻去做，就会出现另外一种完全不同的结果，那就是永远都不要再想得到了。比如说，有的时候他的爸爸会问他想不想要一起去姑姑家，只要他一犹豫，他的爸爸就会带着其他人去姑姑家；再比如说，有的时候他的妈妈会问他要不要吃糕点，如果他有所迟疑，糕点立刻就被送到了弟弟手中。这样的事情一多，他就明白了，对于自己想要的东西，要迅速做出决定。

在他 25 岁的时候，他到一家报社去做记者。有一天，他接到了一个很大的任务，就是要去采访钢铁大王卡内基。接到如此重任的他非常重视，再加上他是第一次采访，所以在采访前做了充足的准备。因此，那次的采访进行得非常顺利，面对拿破仑·希尔小的提问，卡内基基本上都是侃侃而谈，而拿破仑·希尔小的采访本上也写满了密密麻麻的记录。

忽然，卡内基停了下来，眼睛注视着他问道:“你是否愿意接受一份没有任何报酬的工作呢？可能这份工作要让你花 20 年的时间来研究世界上的成功人士。时限是 20 年整，而且没有任何报酬！”

面对卡内基的提问，他一下就愣住了。不过，很快，他便意识到这是一项非常具有挑战性的工作。同意还是不同意？同意的话就意味着没有钱可赚，可要是不同意的话，就错失了一个和成功人士对话的机会了。他的大脑高速运转着，很快，理想就占了上风，因为他喜欢具有挑战性的生活。

“我愿意！”他很快就做出了抉择并给出了响亮的回答。

听到拿破仑·希尔小的回答，这一下就轮到卡内基愣住了。他好像不相信似的再次询问：“你确定自己真的愿意？”

“愿意！”拿破仑·希尔小再次坚定地回答。

听到他的回答，卡内基脸上露出了满意的微笑。他把手抬起来，露出了紧紧握在手中的手表，说道：“如果你在一分钟之后回答这个问题，那么，你将得不到这个机会。我已经对快超过200个年轻人提了这个问题，但是，却没有一个人能够这么快就回答我。这说明他们犹豫不决。我相当认可你！”

次日，卡内基就带着他去采访了当时最为出名的发明家——爱迪生。在这之后，拿破仑·希尔小又通过卡内基的关系，结识了政治界、工商界、金融界、科学界等各个领域的杰出的代表。在通过听取他们的成功事例，并反复研究和思考他们成功经验的基础上，进行科学的对比和分析，他终于找到了如何才能走上成功的秘诀。

而他所做的这一切努力，真的像卡内基说的那样，花了他整整20年的时间。后来，他根据自己的研究，写下了一本《成功规律》。这本书一经面市就遭到人们的热捧，成为激励人们获得财富和地位的教科书。而他本人，不仅成为了美国享有盛誉的学者、激励演讲家和教育家，还是一位百万美元收入的长期的畅销书作家，更在后来成为美国总统——伍德罗·威尔逊和富兰克林·罗斯福的顾问。

面对这些成就，他只说一句：果敢是成功的救命草。如果不是我那天果断地答应，就不会有今天的成就。

原文

故兵有三势，善战者，恒求之于势。势之来也，食其缓颊，下齐七十余城；谢石渡淝，摧秦百万之众。势之去也，项羽有拔山力，空泣虞姬；田横有负海之强，终然刎颈。故曰：战胜之威，人百其倍；败兵之卒，没世不复。故“水之弱，至于漂石”，此势略之要也。(《反经》)

译文

用兵打仗有“三势”，善于用兵打仗的人，最会捕捉有利于我的形势。形势到来，郦食其劝说齐王田广，攻克了齐国七十余座城；谢安淝水一战，打垮了前秦百万大军。如果大势已去，项羽纵有拔山之力，只能与虞姬相对而哭泣；田横有背负大海的壮志，最终还是被迫自杀。所以说，有胜利带来的威势，斗志会增加百倍。而败军的士卒，再难振奋。所以说，水性至柔至弱，却能冲走石块，这就是“势略”的要旨。

解读

所谓的“三势”，是指气势、地势和因势。将领勇猛轻蔑敌人，士卒奋力向前，三军上下，壮志激荡云天，豪气如同飘风，声音如同雷霆，这就是所说的“气势”。关山苍茫，长路狭险，峰高涧深，如龙蛇一样弯曲，如羊肠一样狭窄的山路，还有狗洞一样的山门，一人据险把守，千人难以通过，这就是所说的“地势”。要善于利用机会，因势进攻，如敌人疲倦迟缓，劳顿饥渴，被风波侵扰惊吓，将吏横暴，为所欲为，前面军队尚未扎营，后面的军队仍在涉水渡河，这就是所说的“因势”。

案例

孙膑大败庞涓

做事要因势利导，顺着事情发展的趋势，向有利于实现目的的方向加以引导。

战国时期，魏国派庞涓与赵国一起攻打韩国，韩国不敌联军，向齐国求救。齐王派田忌为将军，孙膑为军师，率领军队前去救韩国。

孙膑根据当时的情形，想出一个计谋，于是对田忌说：“眼下魏国的精锐兵力都去攻打赵国了，留在国内的多是一些老弱残兵。如果我们这个时候去攻打魏国大梁，庞涓一定会放弃攻打邯郸，转而回来护都。这个时候，只要我们在半道上提前设好埋伏，等着魏国的军队回来，并给他迎头一击，一定可以把他打败。”田忌听了孙膑的计谋，大喜，立刻就采用了这个策略。

果不其然，庞涓收到本国的告急文书，只好放弃邯郸城，立刻率领军队赶回魏国。当时，齐国的军队已经进入了魏国。孙膑看庞涓已经中计，又对田忌说：“善战者因其势而利导之。魏国兵强马壮，一向看不起齐国，总认为我们的军人胆小。那么，我们就可以利用他们的这一心理，通过逐日减灶的方法，假装退败，好让魏国产生误解，助长他们骄傲的心理，降低他们的防备心理。”田忌立刻就命令部队修灶做饭，第一天修十万个灶，第二天只修五万个灶，第三天则减少到 3 万个。

于是，当魏国回师举重兵来攻打齐军的时候，齐军早已经撤退了。庞涓紧追不舍，他仔细察看齐军驻扎过的地方，发现齐军的军营占了很大一块地方。他又命人去数齐军做饭的炉灶，发现炉灶的数量够 10 万多人用餐。于是，他吓得说不出话来。次日，他又带着兵马追到齐军第二日驻扎的地方，发现炉灶数量大减，只剩下够供 5 万人用的了。第三天，再一数，则只有供 3 万人用餐的量了。于是，庞涓心中十分高兴，笑着说：“早就听说齐军胆小，今日一看，果然是这样，才三天不到的时间，齐军就逃散了一大半。”他便立刻命令魏军连夜追赶齐军。

孙膑根据魏军的行军速度，预计他们在晚上可能到达地势险要的马陵，于是就在那里选定了一棵大树，并让人刮去树皮，在树上写下“庞涓死于此树下”几个字，并派射手埋伏在大树周围的草丛中，当看到火光时，就一起放箭。

果然不出所料，庞涓在当天夜里就赶到了马陵。当他看到这棵刮了树皮的树时，就叫人点着火把来认字。当火把一亮，四周立刻有无数的飞箭一起朝着火光射过来。顿时，魏军乱了阵脚。直到这个时候，庞涓才知道自己是中了埋伏，走投无路的他只好自刎了。

孙膑正是充分利用魏军轻视齐军的心理设下了埋伏，才让庞涓上了当，并成功打败了魏军。

原文

语曰:“投兵散地，则六亲不能相保；同舟而济，胡越何患乎异心。”孙子曰:“善用兵者，譬如率然。”何以明之？汉宣帝时，先零为寇，帝命赵充国征之。引兵至先零所在，虏以屯聚解弛，望见大军，弃车重，欲渡湟水，道厄狭，充国徐驱之。或曰:“逐利行迟。”充国曰:“此穷寇，不可迫也。缓之，则走不顾；急之，则还致死。”诸校皆曰:“善。”果赴水溺死者数百，于是破之。(《反经》)

译文

谚语说:“把士卒放在自己的领地内和敌人作战，士卒在危急时就容易逃散，因此在这种情况下，即使是六亲也不能彼此相保。而在风雨飘摇中同处一只船上，即使是曾经相互仇视的胡人和越人，也不用担心他们在此时会存有异心。”孙子说:“善于打仗的人，就像能首尾相顾的常山蛇‘率然’一样。”为什么这样说呢？汉宣帝时，先零部落反叛，宣帝命令赵充国去征伐。赵充国领兵到先零的所在地，先零因此溃散，看到汉军逼近，他们便慌忙丢弃了装备物资，想渡过湟水，先零败逃的道路险狭，赵充国在后面慢慢地驱赶他们。有人说:“为什么追逐敌人这样迟缓。”赵充国说:“这是‘穷寇’，不能把他们逼急了。如果慢慢地追逐，他们就逃跑了不再回顾；如果逼急了，他们会狗急跳墙，拼死一战的。”听了赵允国的话后，部下都说“是这样”。果然，在渡河时就有数百名先零人淹死，于是先零被赵充国打得大败。

解读

穷寇莫追，因为他们本就一无所有，在紧急关头会狗急跳墙，在此时，就不要乘胜追击了，而要慢慢把他们耗死才是上策。

案例

穷徒莫追

俗话说：“狗急会跳墙，逼急的兔子会咬人。”面对已经战败的敌人，不要急着一网打尽，而是要慢慢耗尽他们的力量。

东汉末年，黄巾军起义爆发，朝廷派将领朱俊率军队前去镇压。当时黄巾军赵弘、韩忠扼守宛城。朱俊下令让军队攻城，韩忠见状，立刻出来迎战。一开始，朱俊派刘备、关羽、张飞进攻宛城的西南部。韩忠得到消息，立刻打开城门，率领精锐部队连夜赶往西南部去迎战。朱俊见韩忠已经往西南方向去了，又避实就虚，趁机带着两千精锐骑兵来到宛城的东北部发起了突然袭击。

探子立刻把消息报告给韩忠，韩忠担心城池，连夜又班师返回。刘备等便从后面紧追不舍，而前方又有朱俊带兵在等。于是，在前后夹击的情况下，韩忠只好返回到宛城里面。很快，朱俊就派出重兵把宛城包围得连一只苍蝇都飞不过去。一段时间过去后，城中便箭尽粮竭了。百般无奈之下，韩忠只好派人出城请求投降，却一口被朱俊拒绝了。

刘备听到这个消息，立刻来到朱俊身边劝说道：“以前我们的高祖皇帝夺取天下，就是由于他能够接纳投降者，招抚顺从者，所以才天下归心，一统神州。现在，您为什么不答应韩忠的投诚呢？”

朱俊大笑着说道：“你有所不知啊，这叫此一时，彼一时。秦朝末年的时候，天下大乱，没有一个固定的统治者来管理人民，故此要用招抚的手段来笼络民心。现如今，国家已经统一了，却只有黄巾造反。假设允许他们投降，就不能扬善惩恶了。于是，他们就会认为是有机可乘了，得势时就无恶不作，失势时就示弱投降，以保护自己的生命。这可不是一个好的办法啊。”说完，他就挥手示意刘备退下，然后命令三军奋力攻城。可令人不解的是，连续进攻了几天，就是没有办法把宛城攻下来。

过了几天，刘备又来到朱俊跟前说："您上次和我说不让他们投降，我觉得很有道理。不过，现在我军把宛城围得如铁桶一般，敌军主动请求投降，如果我们不答应的话，他们肯定死战到底，就怕到时候狗急跳墙，数万的亡命之徒誓死反抗，我军就难以抵挡了。古代孙子有言'围城必阙'。依我看，倒不如让城池东南方的士兵先撤回来，然后我们再集中兵力攻打西北方，这样一来，他们肯定会认为有路可逃，然后弃城而去。到时候，只要我们趁势杀敌，一定可以把他们捉住。"

朱俊听了刘备的话，沉吟了片刻，觉得很有道理。于是，立刻命令宛城东南方的军队撤退。果然，得到消息的韩忠就带领部队从东南方突围。朱俊随即就和刘备、关羽、张飞等指挥军队追击，并将韩忠射死，而其他的人不是死就是伤，起义的军队很快就溃不成军了。

面对已经穷途末路的敌军，刘备没有急于强攻，而是先放他们一条生路，然后紧追不舍，才将敌人消灭了。

原文

荀悦曰:“夫立策决胜之术，其要有三：一曰形，二曰势，三曰情。形者，言其大体得失之数也。势者，言其临时之势、进退之机也。情者，言其心志可否之实也。故策同事者，三术不同也。初，张耳说陈涉以复六国后，自为树党，郦生亦用此说。汉王所以悦、者，事同而得失异者，何哉？当陈涉之起也，天下皆欲亡秦，而楚、汉之分未有所定。今天下未必欲亡项也。且项羽力能率从六国，如秦之势则不能矣。故立六国，于陈涉所谓多己之党，而益秦弊也。且陈涉未能专天下之上也，所谓取非其有，以德于人，行虚惠而收实福也。立六国，于汉王所谓割己之有而以资敌，设虚名而受实祸也。此事同而异形者也。”(《反经》)

译文

东汉末年的荀悦说:“确定策略、决定胜负的要则有三,一是‘形’，二是‘势’，三是‘情’。所谓‘形’，是指大致对成功与失败、优势与劣势等现实情况所进行的衡量对比。所谓‘势’，是指具体事件发生时对当事者前进还是后退时机的把握。所谓‘情’，是指当事者内心的情态。因此尽管是策划同一类事情，也必须考虑到三个不同的要素。当时，张耳劝说陈胜重新复立六国的后代，是为自己树立朋党。郦食其也采用这一主张游说汉王，是因为他认为二者是相类似的事情。可结局是前者可能成功，后者必定失败，这是为什么呢？当时，陈胜起事的时侯，天下人都渴望灭亡暴秦，而且楚、汉相争的局面还没有出现。现在，天下人不一定都想灭亡项羽，况且项羽的能力可以统领六国之众，使六国的诸侯都跟随听从于他，像秦朝那样的局势却不可能统领六国。所以扶立恢复六国的诸侯，对于陈胜来说，所谓既增加自己的党援又加速了秦朝的失败。又何况陈胜当时还没有占据全天下的地盘，这正是用不属于自己的东西来给别人施恩德，施舍空头的恩惠却获得真正的利益。对于汉王来说，如果也要这样做的话，这是所谓分割自己的所有去资助敌人，虽有了虚名却受到真正的祸害呀。以上所说的是相类似的事情却具有不同的策略。”

解读

同一个策略，在不同的时机会有不同的情况，所以一定要把形、势和情三者结合起来考虑，不可看着相似就采用同种策略。

案例

按图索骥

面对不同的情况，要具体问题具体分析，不可以不顾具体情况就固守一种策略。

战国时期，有一个秦国人，名叫孙阳，他非常精通相马，不管是什么马，只要一经他的眼睛，就能立刻看出马的好坏。所以，他经常被别人叫去看马、选马，而且还被人们尊称为伯乐。

有一天，他到外面打猎，走在路上，有一匹拖着盐车的老马突然向他迎面走过来，并在他面前停了下来，然后冲他叫个不停。孙阳心里十分诧异，也停了下来，然后摸了摸马的背，就立刻断定这是一匹千里马，只不过年纪已经很大了。这个时候，这匹老马专注地看着孙阳，眼睛里满是期待和无奈。顿时，孙阳很为这匹老马惋惜，它本是一匹能够在战场上奔跑的宝马良驹，却因为没有遇到识马的伯乐落得如此地步，只能每日每夜拉着盐车，慢慢地耗光它的体力和锐气。想到这里，孙阳不禁难过地流下了伤心的眼泪。

这件事情给了孙阳很大的触动。他想，这世界上到底还有多少匹千里马由于没人识马而把才能给埋没了呢？为了让更多的人会相马，也为了让自己的相马技术能够流传下来，孙阳决定把自己长时间积累下来的相马经验和技术写下来，编成一本书，并且配上各种马的图片，取名叫《相马经》。

当孙阳的儿子看了父亲的《相马经》后，大感兴趣，很快就把那本书给翻完了。他得意扬扬地以为相马是很容易的一件事情，而自己也已经完全掌握了相马的技术。心想，反正有父亲的这本书在手，还怕会找不到好马吗？于是，他辞别了父亲，带着父亲的《相马经》到处去找好马。当他照着书上的图形去找的时候，找了很久也没有找到父亲书中所描绘的那种马。有些失落的他打算另辟蹊径，按照书中所描述的特征去找。当他来到一片荒地时，突然发现了一只癞蛤蟆，然后他立刻掏出父亲的《相马经》来看，发现这个癞蛤蟆和父亲书中所描述的千里马的特征非常像，心里非常高兴，以为自己找到了千里马。于是异常兴奋地把癞蛤蟆带回家给父亲看。

当他见到父亲时，还不等父亲问他的话，就立刻对父亲说：“我找到一匹千里马了，唯一的缺憾是，它的马蹄短了些。”

当孙阳看到儿子带回来的所谓的千里马不过是一只癞蛤蟆的时候，便气不打一处来，直骂儿子蠢笨，悲伤地感叹道：“所谓按图索骥也。”

如果只会照搬照套，而不会根据具体情况变通自己的策略，是不能取得成功的。

原文

为谋，所重者胆，所贵者智；胆智兼备，势则可为。(《权谋残卷》)

译文

制定谋略，重要的是胆量，贵重的是智慧；只有胆量和智慧都具备了，才可以去改变形势。

解读

时机是给有准备的人的，怎样准备才会有时机呢，这就需要超人的胆量和足够的智慧，如果这两样都具备了，时机自然跑不了。

案例

小小雕塑家

机会往往是留给有准备的人，只有平时做好了准备，加上超人的胆识，才能够在机会来临时，很好的抓住机遇。

有一天，西格诺·法列罗的府邸打算举行一个盛大的宴会，他邀请了很多的客人来参加。在宴会开始的前一天晚上，专门负责布置餐桌的点心制作人派人来告诉管家说，他打算用来放在桌子上的大型甜点饰品一不小心被弄坏了，要现做的话一时之间又找不到那么多食材，问他该怎么办。

听到这个消息的管家被急坏了。这个时候，在西格诺府邸厨房里负责打杂的一个仆人来到管家面前，怯生生地说，如果他能给他一次机会的话，他可以做另外一样来代替原来的点心。

“给你一次机会？你是谁？居然敢口出狂言。”管家惊讶地说。

“我是安东尼奥·卡诺瓦，是雕塑家皮萨诺的孙子。”这个小孩子脸色苍白地说。

“你真的能行吗，小家伙？”管家还是半信半疑地问道。

“如果您能让我试一下的话，我想我可以做出另外一样东西摆在餐桌中间。”小孩子略显得镇定地说。

这个时候也没有其他的办法了，管家只好答应让安东尼奥去试一试，他自己则坐在一旁紧紧地盯着这个孩子的一举一动，看看他到底要做什么东西。而安东尼则不慌不忙地让人端来了一些黄油。不一会儿，这团普通的黄油居然在安东尼的手下被雕成了一只狮子。管家见状，开心地说不出话来，立刻让人把这个黄油狮子摆在了桌子中间。

第二天，晚宴开始了，客人们陆陆续续被带到了餐厅。在这些被邀请的客人中，有威尼斯知名的企业家，有尊贵的王公贵族，还有眼光极高的专业艺术评论家。但当他们看到餐桌上摆着的黄油狮子时，都不禁绝口称赞，都认为这是一件天才作品。客人们都挤在一起看狮子，都忘记了其他美味的食物，宴会竟然演变成了一场对黄油狮子的鉴赏会。客人们不断问西格诺·法列罗到底是请的哪位伟大的雕塑家来为他雕刻这座黄油狮子的。

西格诺·法列罗自己也弄不清楚状况，就把管家找了过来。很快，管家就把安东尼奥带到了大家面前。当客人们得知，这座黄油狮子不过是这个小孩在很短的时间内完成的作品时，都惊呆了。于是，富裕的主人当场就宣布将会资助安东尼奥学习，好好培养他的雕塑才能。

而安东尼奥也没有让主人失望，在老师的教导下，他自己孜孜不倦刻苦学习，最终成为了一名著名的雕塑家，也即卡诺瓦。

如果不是安东尼奥有着精湛的雕刻技术，在关键时刻毛遂自荐，那么他就没有那次脱颖而出的机会，也很难能得到主人的赏识和资助，最终也就很难拥有骄人的成就。

原文

势可乘，亦可造。致虚守静，因势利导。敌不知我而我知敌，或守如处子，或劲如脱兔。善度势者乘敌之隙，不善度势者示敌以隙。知其心，度其情，察其微，则见其势矣。(《权谋残卷》)

译文

形势可以利用，也可以制造。淡泊宁静，因势利导。让敌人摸不透我而我却了解敌人的情况，要么像处女一样安静，要么像奔跑的兔子那样迅速行动。善于分析形势的人能够利用敌人的疏漏，不善于分析形势的人却常常把自己的疏漏暴露给敌人。了解对方心里想什么，揣摩他的感情，察觉他不为人知的细节，就可以预测事情发展的趋势了。

解读

时机来了，自然要抓住。但时机怎么都不来，难道就一直等下去吗？也不尽然，有时可以在观察中发现时机，并且创造时机。正如现在的流行语曰：有机会要上，没有机会制造机会也要上。

案例

陈胜吴广起义

当机会来了，要善于抓住机会，但如果没有合适的机会的话，要善于根据情况创造有利的机会。

公元前209年7月，有一支900多人的农民队伍来到了现在安徽与河南的交界地带，他们是被派去渔阳驻守边疆的。在队伍之中，有两人被指定为屯长，分别叫陈胜和吴广。

陈胜是一个雇农，阳城人，而吴广是个贫农，阳夏人。当队伍走到蕲县大泽乡时，天降暴雨，队伍被困在了那里，难以前进，于是，就耽误了到达渔阳的期限。按照当时秦朝的法律，延误期限将会被处以死刑。去也是死，不去也是死，这该怎么办呢？于是，陈胜和吴广一商量，决定发动起义，好从死亡中杀出一条生路来。

为了找到起义的名目，陈胜和吴广在一位算卦先生的启示下，找来了一块薄绸，并用朱砂在上面写了“陈胜王”三个红字，然后把它装进了鱼肚子里面。一天，一个士兵从街上买来鱼，剖开鱼肚子，竟然意外地发现了鱼肚子里的薄绸和红字，然后，这个消息一传十，十传百，队伍里面的人都议论纷纷。那天晚上，吴广又偷偷跑到附近的神庙那里，打着一个灯笼，学狐狸的叫声说：“大楚兴，陈胜王。”士兵们听到这个声音，就更感觉蹊跷了。第二天，大家都在说着这件事情。

紧接着，陈胜和吴广就在寻找一个合适的机会起义。一天，负责押送队伍的将尉喝得醉醺醺的。于是，吴广趁机故意说要逃走，并多番惹恼这个将尉，被激怒的将尉在盛怒之下，当着众人的面鞭打他。这一下，队伍中的人都被激怒了。谁知，那将尉还拔出佩剑准备将吴广就地处决，没想到吴广手疾眼快，立刻就把佩剑夺了下来，然后把将尉杀死了。在陈胜的帮助下，吴广又把另外一个将尉也杀了。

于是，陈胜趁机把大家召集起来，说：“兄弟们，我们因为路上遇到大雨，现在已经耽误了期限。按照规定，耽误期限是要被处死的，即使侥幸没有被处死，恐怕我们也要因为守边而死伤无数。壮士不死就罢，要死，就应该死得壮烈一点，难道那些王侯将相都是天生的吗？”大家听了这一番极具煽动性的话，都被鼓动得热血沸腾。于是，大家纷纷表示愿意起义，并露出右肩，设坛举行盟誓。

在绝处时，陈胜吴广先想办法营造氛围，再制造机会引起大家的共鸣，煽动大家的情绪，最终才有机会让大家跟着他们两个一起倒戈起义。

原文

观其变而待其势，知其雄而守其雌，疲之扰之，然后可图。(《权谋残卷》)

译文

安静的观察对方的变化，同时等待有利于自己的形势的出现，知道雄强，却安守雌弱，使对方疲劳，并且干扰对方，然后就可以取胜了。

解读

时机就是变化，而且随时都要变，这就要懂得时机什么时候来，要怎么变化，变到什么地方去，只有知道了这些，才能保持常胜不败。

案例

不鸣则已，一鸣惊人

面对复杂多变的情况，要先静观其变，认真观察分析形势，再根据不同的情况谋划不同的策略。

春秋时期，楚国的穆王突然暴病身亡，年轻的楚庄王继位。刚继位不久，他就面临着内忧外患的情况，在内人心不稳，在外各路诸侯又对楚国虎视眈眈。面对这种情况，楚庄王打算先静观其变，再后发制人。

于是，他一方面终日游猎宴饮，每天都过着花天酒地的生活，想借此来麻痹竞争对手，让他们得意忘形，充分暴露自己；另一方面，他又在暗地里偷偷笼络各方忠良贤士，和他们商讨应对敌人的办法，并不断储备兵粮，加强自己的实力。

不仅如此，他还在宫门前竖着一大块木牌，木牌上写着一行大字：百官各司其职，严禁妄谈国事，有贸然进谏者，杀无赦。文武百官看到这行字后，都纷纷摇头，然后就各怀心事地回去了。百姓目不识丁，就是认得字也不敢凑近前去看，围观了一会，只好没趣地走开了。

就这样，三年过去了。有一天，大夫伍举走进了王宫。此时，楚庄王正一手端着金杯饮酒，口里还嚼着鹿肉，耳中还听着靡靡之音，眼睛却盯着舞姬们曼妙的身姿。看到伍举进来了，他的脸色立刻就沉了下来，然后冷冷地说道："你该不会是来进谏的吧？"伍举也并不慌张，只是恭敬地回答说："小人哪里敢违背大王您的旨意啊，只是我有一个谜语一直猜不出来，知道大王您又喜欢且善于猜谜语，所以特此来向您请教的呢！"

楚庄王听到伍举的话，脸色才缓和了下来，说："快说说看，是什么谜语这么难猜？"

伍举煞有介事地严肃地说："听说南方有一座山，山上有一只鸟，但是奇怪的是，这只鸟居然三年都没有展开过自己的翅膀，也从来没见过它飞翔或是听到过它叫一声，您猜，这到底是一只什么鸟啊？"

楚庄王是何等聪慧，他怎么可能听不出伍举的弦外之音呢。于是，也立刻一语双关地回答道："这可不是一只平凡的鸟啊！它从来不展露自己的翅膀，不过是为了让自己的羽毛长得更丰满，而它不飞也不叫，不代表它不能飞不能叫，不过是为了静观天下态势罢了。这种鸟啊，不飞则已，一飞冲天，不鸣则已，一鸣惊人。你啊，就回去等着看这只大鸟展翅飞翔吧！"

其实这个时候的楚庄王已经准备得差不多了，他知道了令尹斗越椒勾结党羽图谋不轨的一举一动，掌握了蛮夷戎族陆浑骚扰的规律，摸清了晋国拉拢宋、陈、郑等国想借机进犯楚国的情况，只是在等待一个好的时机。

终于，当苏从又在他面前上演了一幕以死哭谏后，他下定决心，打算立刻就着手扫除内忧外患。他再也不沉迷于声色犬马的生活，重用了伍举、苏从、孙叔敖、子重等忠臣良将，还整顿纲纪，削弱了斗越椒的势力。不仅如此，他还大兴水利，鼓励农商，加紧操练军队，扩张军事力量。对外，他积极出兵，先后灭了庸，打败了宋，又平定了陆浑，攻破了郑，大败晋师，会盟诸侯，最终成为了春秋五霸之一。

在机遇还没到来的时候，楚庄王没有急于行动，而是静观其变，然后在准备充足的情况下主动出击，最终成就了他的霸主地位。

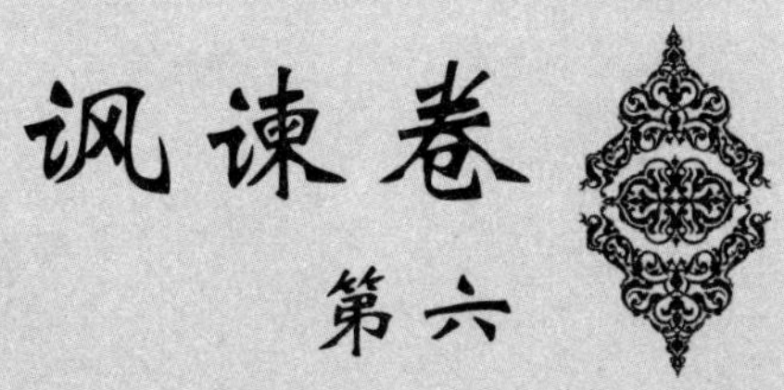

讽谏卷

第六

原文

讽，所以言不可言之言，谏不可谏之谏。谏不可拂其意，而宜恤其情。谏人者宜为人谋，不为己虑。(《权谋残卷》)

译文

含蓄的讽喻，是用来说不能够直接说出来的话的，劝诫不可以劝诫的事情的。劝谏者不可以忤逆对方的意愿，而需要体恤对方的情感。劝谏者应该为对方考虑，而不是为自己谋划。

解读

好马出在腿上，好汉出在嘴上。如何对别人进行劝诫可是个技术含量很高的活，其基本原则就是：应该站在对方的角度考虑，而不是为自己谋划。

案例

左师触龙说赵太后

要成功说服别人，应该从对方的角度出发，考虑对方的感受，才有可能。

战国时期，赵国惠文王去世，新继位的孝成王因为年纪轻，故由太后执政。秦国趁机攻打赵国，赵国只好向齐国求救。齐国答应出兵，但提出了一个要求，那就是必须要长安君到齐国去做人质。赵太后听了这个条件，一口回绝了齐国。但赵太后的这个决定遭到了大臣们的反对，他们极力劝谏，但赵太后不为所动，并说："谁要再提让长安君做人质这件事情，我这个老太婆一定朝他脸上吐唾沫。"

左师触龙让宫人通报说要见太后，太后一脸不高兴地等着见他。触龙进来以后，慢步走上前去，请罪说："老臣脚有毛病，谒见太后不能小步快跑。好长一段时间，老臣没来谒见太后，尽管自己私下会原谅自己，可总是担心太后玉体偶有欠安，所以一直很想来看看太后。"

赵太后说："我老太婆现在行动全靠手杖。"

触龙说："每天的进食应该不会减少吧？"

太后说："就只喝些粥罢了。"

触龙说："老臣现在的胃口不是很好，于是自己每天坚持走三四里，这样还能够稍微增加一点食欲，对身体也有很好的调理作用。"

太后说："这个我老太婆可就难做到了。"说到这里，赵太后的脸色也稍微缓和了下来。

左师公说："老臣的劣子舒祺，排行最小，很不成器。老臣现在已经老了，但就偏偏疼爱他，所以希望能够让他去侍卫队里充个数，来保卫王宫。因此，冒着死罪来向太后提出这个请求。"

太后说："这个要求肯定答应，他多大岁数了？"

左师公回答说："15 岁了。虽然年纪还小，但希望可以在老臣还在的时候先拜托给太后了。"

太后说："难道父亲也特别疼爱他的小儿子吗？"

左师公回答说："比他的母亲还更爱。"

太后笑道："妇道人家都特别喜爱小儿子。"

左师公回答说："不过，依老臣之见，老太后您对女儿燕后的爱，可要比长安君多啊。"

太后说："您错了，肯定是对长安君的爱深啊。"

左师公说："父母疼爱子女，就要替他们谋划打算得长远一些。燕后出嫁的时候，您抱着她的脚而泣，是因为想到她即将要嫁到远方，所以心里伤心难过。但是她走了以后，每次祭祀的时候，您一定会为她祈祷说'一定不要让她回来啊！'您这样说，并不是真的不想见她，而是为她长远考虑，希望她的子孙可以代代在燕国为王。"

太后说："是啊。"

左师公说："太后，您从现在往上数三代，一直到赵氏建立赵国的时候，赵国君王的子孙凡是被封侯了的，他们的后代还有继承爵位的吗？"

太后沉思了一会，说："还没有。"

左师公说："不仅仅是赵国，其他诸侯国的子孙后代有这样的情况吗？"

太后说："我老太婆还没有听说过呢。"

左师公说："这是由于他们的灾难不仅祸及自己，还殃及到他们的子孙啊。难道君王的子孙就一定没有能力继承爵位吗？还不是因为他们天生地位高贵却又没有什么功绩，待遇丰厚却又不用劳作，而且拥有很多的金银珠宝。现在太后您给予长安君以高位，让他拥有肥沃富饶的土地，坐拥无数的金银珠宝，可是丝毫没有考虑让他能为国家做一点什么。假设有朝一日，太后您百年了，长安君拿什么来让自己在赵国立足呢？所以，老臣才认为赵太后您为他考虑得太短浅了，不如爱燕后那般爱他。"

太后说："好，随便你把他派到什么地方去吧。"

于是，左师公为长安君准备了马车一百乘，送他到齐国去做人质。齐国见长安君来了，立刻就出兵了。

触龙正是站在赵太后的立场，为她分析了什么才是真正地疼爱儿子，如何为儿子谋划才是考虑长远，才让她改变了主意，送长安君去齐国做人质。

原文

齐景公游于海上而乐之，六月不归，令左右曰："敢有先言归者，致死不赦。"颜烛趋进谏曰："君乐治海上，不乐治国，而六月不归，彼傥有治国者，君且安得乐此海也！"景公援戟将斫之。颜烛趋进，抚衣待之，曰："君奚不斫也？昔者桀杀关龙逢，纣杀王叔比干；君之贤，非此二主也，臣之材，非此二子也，君奚不斫？以臣参此二人者，不亦可乎？"景公说，遂归，中道闻国人谋不内矣。(《说苑》)

译文

齐景公在海上泛舟游览，非常快乐，已经有六个月不回国了，还下令左右的人说："哪个胆敢先提起要回国的，一定处死不宽赦。"颜烛听到了，赶快走进去劝谏说："国君在海上快乐地畅游了六个月还不想回去，国内要是有人起来篡夺大权，国君怎么能长久在这海上享乐呢？"齐景公抓起戟就要砍他，颜烛赶紧迎向前，抚摩着衣服等他砍，一面说道："国君怎么不砍呢？以前夏桀杀了关龙逢，商纣杀了王叔比干。国君的贤能比不上那两个暴君，我的才干也比不上那两位贤士；国君怎么不砍一下，让我也加入那两位的行列？这样不是很好吗？"齐景公手软了，心也软了。好在他马上高高兴兴地回都城去了，因为在半路上就风闻国人有不让他回国的阴谋了。

解读

面对国君的强势，如何劝谏呢？这就要从君主立场出发，说出他的权位将不保，而且要敢于牺牲自我，这样之后君主怎么能不听呢。

案例

许绾婉说魏王

要说服坚持己见的上司，不仅要从上司自身的领导和管理地位出发，还要说明自己愿意为上司的想法努力奋斗，只有这样，才能够成功说服上司。

有一天，魏王突发奇想，想要建造一座非常高的中天台。当他把这个命令布置下去以后，很多大臣都极力劝谏，让他不要建造这个中天台，劳民伤财，有损国力。

为了避免大臣们一个接一个来劝谏，他就下命令说，如果还有谁要来劝阻他，就把他杀了。

这一下，大臣们都犯难了，不劝阻吧，对国家实在无益，劝阻吧，魏王又丝毫听不进自己的话，还要杀了自己。

当许绾听到这个消息以后，在屋子里踱来踱去，忽然，他灵光一闪，想到了一个主意。于是，立刻就命人备好一把铁锹，然后换好衣服就带着铁锹去王宫见魏王。

当来到魏王面前时，魏王还以为他又想要劝阻他，于是怒气冲冲地看着他。可谁知他丝毫不提不要建造的事情，反而拿着那把铁锹对他说："大王，听说您准备要建造中天台，我作为臣子，非常乐意能够为您出一份微薄之力。"

听到这里，魏王不禁笑了，说："像你这样的人，能够有多少力气出呢？"因为当时的王公大臣们家里都会养着很多的门客，这些门客都会尽心尽力为主人出心又出力。

许绾听了，也不介意，继续说道："虽然我的力气不大，不过，我倒是对您建造中天台有一个意见。我早就听说，天和地相隔一万五千里，现在大王您要建造一个半天高的台，那肯定就要建七千五百里。要做好这么高的台，光台脚肯定就得要占地八千里，因为没有这么大的台基，根本没办法确保台的稳固。但是，现在魏国所有的国土加起来还不够做台址呢！要是大王您坚持一定要建造的话，那么就应该先出兵攻打邻国，把他们的土地都占过来。如果面积还不够的话，那么就只好派军队去攻打更远方的国家了。还有啊，如果要圈出八千里地来做台址，还要考虑建造这个台的工人住处的土地，存放粮食、木材的地方，再往远处想，还必须要有更宽阔的土地来种植粮食啊，只有这样才能让这些工人有粮可吃啊。大王，您只有做好了以上这些准备，才可以大胆放心地召集工人开工啊！”

魏王听了许绾的话，知道他这是在提醒自己，要建造这个中天台，国力难以承担，是不现实的，如果硬要实行的话，只会损害国家的利益，于是，他就没有再提这件事情了。

许绾正是首先表明自己愿意支持魏王建造中天台，然后站在他的角度为他分析其中的利弊，才让魏王放弃了这个想法。

原文

楚庄王伐阳夏，师久而不罢，群臣欲谏而莫敢。庄王猎于云梦，椒举进谏曰：“王所以多得兽者马也，而王国亡，王之马岂可得哉？”庄王曰：“善！不谷知诎强国之可以长诸侯也，知得地之可以为富也，而忘吾民之不用也。”明日饮诸大夫酒，以椒举为上客，罢阳夏之师。（《说苑》）

译文

楚庄王攻打阳夏，军队出去了很久也没有停止的意思，群臣想要劝谏但不敢做。楚庄王在云梦田猎时，椒举进谏说：“大王能够猎获很多禽兽，是因为有马，如果大王的国家灭亡了，大王难道还指望得到马吗？”楚庄王说：“说得好！我只知道使强国臣服就可以称霸于诸侯。只知道得到土地就可以成为富国，却忘记了我的老百姓不可以这样长期辛苦下去。”第二天，楚庄王请各位大夫喝酒，把椒举待为上宾，撤回了进攻阳夏的军队。

解读

这个也是从君主方面考虑的进谏之法，而这个比较好的是，君主能够听出弦外之音，做出明智之举，有这样明事理的君主自然是臣子的福分。

案例

晏子劝齐王

如果碰到明智的君主，只要用委婉的说法去劝谏君主，他们就可以听出里面的弦外之音了，这样也是做臣子的福分。

景公在位的时候，有一年，天气极其酷寒，连续下了三天的雪还不放晴，百姓被冻得扛不住了，那天刚好闲来无事，景公披着用狐狸腋下白毛做的皮衣，坐在堂前的台阶上观雪。

这个时候，晏子刚好有事情要谒见景公，就站在旁边站了一会，陪着景公赏了一会儿雪。

景公说："今年真的是很奇怪啊，为什么下了三天的雪，天气还是一点儿也不冷呢？"

晏子回答道："今天天气不冷吗？"

景公笑了笑，没有说话。

晏子说："我听说啊，古代贤德的君王总是自己每天吃着山珍海味，可是却不知道别人都在饿着肚子，自己穿的暖和，却不知道别人正在受冻，自己享受着安逸的生活，却不知道别人正在辛勤地劳作。现在君王也一样，不知道别人的情况了。"

景公听了晏子的话，也不恼怒，立刻说："说得好极了。我听从你的教诲。"于是，他立刻就让人把粮仓打开，给饥饿的百姓发放粮食，还让人把皮衣发放下去，并且要求说：只要你们在路上看到饥饿的人，不用问他们来自哪里；在大街小巷上看到的人，不用问他们是哪户人家的，到全国各地去巡视统计数据，不用记下他们的名字。而且士人已经任职的发给他们两个月的粮食，生病贫困的人发给够吃两年的粮食。

孔子听说了这个故事后，说："晏子能够清楚地阐明他的希望，景公能很快就意识到并施行他认识到的德政。"

在听了晏子的话后，景公不仅没有生气，反而能够很快意识到晏子话中的意图，并采纳晏子的意见，施行仁政。

原文

或激之勉之，以证其不可行也。或讽之喻之，以示其缪。进而推之，以证其不可行也。谏不宜急而宜缓，言不宜直而宜曲。(《权谋残卷》)

译文

对受谏人应该用激将或者是劝勉，来表达自己的意思。或者讽谏或者比喻，来说明对方的谬误。按照对方的思路推断下去，来证实对方的举动不可行。劝谏，不宜操之过急而应该缓和一些，言语不能太过直白而最好委婉说出。

解读

劝谏是有很多方法的，这里主要指出的有激将法、反推法等，还有就是劝谏者不可操之过急，说话应该求得委婉，这些都是最基本的劝谏要领，在现代的生活中可以一用，一定会起到很大的作用。

案例

晏子尊礼的故事

要说服别人，很多时候并不一定需要直接指出，也不能操之过急，而可以采取委婉的方式来劝谏别人。

有一天，齐景公在王宫里举行酒宴，并邀请各位大臣一起来参加，喝到高兴之处，他把酒杯往桌上一放，对大臣们说："各位爱卿，你们只管痛快地喝酒，不要拘束什么君臣之礼。"

当时晏子也在场，他听了这话之后，脸色立刻大变，于是站起来对着齐景公一鞠，然后严肃地说："国君，您这话有些不太妥当！在禽兽的世界里，都是以武力来一决高低，崇尚弱肉强食，因此，它们的世界里天天都会变更首领。现在你让大臣们可以抛弃礼节，如果没有了礼仪，就会有变更国君的危险啊，请问这样的话你将如何自处呢？"

齐景公听了这话，非常不高兴，就把身子转了过去，不再听他说话。

过了一会儿，齐景公有事出去了一下。当他回来后，晏子坐在位置上一动不动，也不起身施礼。当齐景公和他碰杯共饮的时候，他也不等齐景公先喝，就自顾着端起杯子来喝了。齐景公见状，心里非常生气，满脸怒容地瞪着晏子说："刚才你不是还教训我说人要有礼节吗？你现在这样的行为，你讲的礼节去哪里了？"

晏子听了，立刻起身离席，向齐景公拜了几拜，然后非常恭敬地说："我怎么敢这样呢？我之所这样做，就是想让国君您看一看如果大臣不讲礼节的实际情况啊。"

齐景公听了晏子的话，才明白他的良苦用心，说："这样说来，倒还真的是我错了。先生您快请坐下，以后我就按你说的办法去办好了。"

从那之后，齐景公更加注重礼制的完善，并整顿法纪，确保全国上下有礼有序。从那以后，官员更加守礼，百姓更加注重自己的言行举止。

面对齐景公一开始的不拘礼节的行为，晏子直接就予以劝谏，但齐景公并没有欣然接受。于是，他改变了策略，顺着齐景公的话去做，很快就让齐景公自己意识到自己的错误。

原文

吴王欲从民饮酒，伍子胥谏曰："不可。昔白龙下清泠之渊，化为鱼，渔者豫且，射中其目，白龙上诉天帝。天帝曰：'当是之时，若安置而形？'白龙对曰：'我下清泠之渊，化为鱼。'天帝曰：'鱼固人之所射也，若是豫且何罪？'夫白龙，天帝贵畜也，豫且，宋国贱臣也，白龙不化，豫且不射。今君弃万乘之位，而从布衣之士饮酒，臣恐其有豫且之患矣。"王乃止。（《说苑》）

译文

吴王想跟老百姓一起喝酒，伍子胥就劝谏说："不可以。以前有条白龙，想到清爽寒凉的深渊逍遥一番。由于深渊太窄，只好变成一条鱼。渔夫豫且看中这条美丽的白鱼，拿起箭来射中他的眼睛。白鱼一痛，又化成一条白龙逃回天庭，去向天帝控诉，要求天帝处死所有的渔夫，起码也得杀死豫且。天帝问它说：'那时候，你是什么样子呢？'白龙回答说：'我变成一条鱼在清爽的深渊玩。'天帝叹口气说：'鱼本来是人们射杀的对象；这样说来，豫且有什么罪呢？'那白龙，是天帝的宠物；豫且，只不过是宋国的一个渔夫。白龙不化作鱼，豫且就不会去射杀它。如果大王抛开万乘的尊位而跟老百姓一块儿喝酒，我担忧会有被豫且射杀的祸患。"吴王听了也就不敢跟老百姓纵酒取乐了。

解读

在古代，君主实行的专制并不是都得到百姓的喜欢，所以伍子胥劝吴王不要随意与百姓一起喝酒，而他的劝谏是用讲寓言的方法，使吴王明白其苦心，可谓劝谏的高手。

案例

苏代智说赵惠文王

很多时候，直接劝谏不一定能取得良好的效果，要成功说服别人，要讲究一定的艺术和方法。

战国时期，赵国准备出兵攻打燕国，燕国派出苏代去游说赵惠文王，让他不要出兵攻打燕国。

当苏代见到赵惠文王时，他们相互之间问候了几句，苏代就给赵惠文王讲起了自己在路上的所见所闻，他说："我这次来贵国的途中，经过了易水。看见一只河蚌正从水里出来躺在沙滩上晒太阳，这时，刚好被一只鹬鸟发现了，于是立刻飞来啄它的肉。被啄痛了的河蚌马上就把壳闭拢，夹住了鹬鸟的嘴。鹬鸟说：'今天不下雨，明天不下雨，你迟早会被晒死。'河蚌也不甘示弱地对鹬鸟说：'今天你的嘴取不出，明天你的嘴取不出，你不晒死也会被饿死。'它俩谁也不肯放开谁，就这样一直僵持着，直到双方都筋疲力尽了。这个时候，恰好被一个过路的渔夫看到了，于是渔夫毫不费力地把它俩一块捉走了。"

当赵惠文王听得正津津有味的时候，苏代把话题一转，说："现在，我听说贵国将要出兵攻打我们燕国，只怕到时候燕、赵两国相持不下，将陷入疲困不堪的地步，臣恐强秦将像故事里的渔翁那样了。愿君王您能够仔细考虑考虑。"

赵惠文王听了苏代的故事，细细分析了一下燕赵和秦国的处境，觉得非常有道理，于是对苏代说："你说的非常有道理！"于是，赵惠王立刻下令停止出兵攻打燕国。

苏代说服赵惠文王的话并没有很多，为什么赵惠文王一听就同意了他的观点呢？因为在战国七雄中，秦国的实力最强，被称作为虎狼之国，并时刻想要把其他六国吞并掉。而燕国是赵国的邻国，秦国又在赵国的旁边，如果赵国出兵攻打燕国的话，等到两国实力都消耗得差不多的时候，秦国再出兵从后面攻打赵国，那么赵国肯定无抵抗之力了。苏代正是借着"鹬蚌相争，渔人得利"这个故事来劝说赵惠文王，这个寓言又非常生动形象，具有很强的说服力，所以等他一讲完这个故事，赵惠文王就立刻明白了其中的道理。

所以，要说服别人，不一定要剑锋对麦芒，采用讲寓言故事等委婉的方式，反而能将道理讲得深刻，别人也更容易接受。

原文

嬉笑之中蕴乎理，诙谐之中寓乎道。见君之过失而不谏，是轻君之危亡也。夫轻君之危亡者，忠臣不忍为也。(《权谋残卷》)

译文

在玩笑之间流露出道理，在诙谐之中包含道义。如果看到君主的过失而不去劝谏，是轻视君主的危难。轻视君主的危难这种事情，忠臣是不会去做的。

解读

劝谏之法也不总是以死相谏，也可以在玩笑和幽默中展开，这样的劝谏之法是需要高超的智慧的，不过最适合于现在的劝谏之法，这就需要大家多些幽默元素。

案例

优旃反语谏始皇

劝谏是一门艺术，采取幽默的方式来说服别人，既体现劝谏者高超的智慧，又能让被劝谏者以一种轻松愉快的方式接受劝谏。

在《史记·滑稽列传》中，记载了优旃传奇的一生。优旃是一个侏儒，读书不多，而且社会地位也不高，只是秦始皇宫中豢养的一个歌舞艺人，主要是用来宫中表演取乐。可是，尽管他是那么的不起眼，却仍然经常凭借着他那机智幽默的语言来劝谏秦始皇和他的儿子——秦二世胡亥。

有一次，秦始皇在宫中举行酒宴，那天刚好外面在下着瓢泼大雨，优旃被叫来为秦始皇表演助兴。当他从宫殿门口走进的时候，看到宫殿台阶上站着的卫兵们被大雨淋得浑身湿透了，加上天气又冷，所以一个个都站在那里冻得直打哆嗦，十分狼狈。优旃心里十分怜悯他们，于是就问他们："你们想不想要休息一下啊？"

卫兵们异口同声地说："当然想了，再不休息，我们估计要被冻坏了！"

优旃听到他们的回答，就对他们说："那你们就再耐心等一会儿，当你们听到我喊你们的时候，你们一定要迅速地回答'在'。"

卫兵们都点头答应了，脸上带着期待的表情。

当酒宴进行到一半的时候，宫殿里就有人向秦始皇大呼万岁。趁着这个当口，优旃向殿外大声喊道："卫兵！卫兵！"

卫兵们听到喊声，立刻异口同声地回答道："在！"

优旃说："你们看看你们自己，尽管长得这么高大，可是又有什么用呢？我虽然长得矮小，却可以坐在宫殿里面休息，而你们却只能在外面淋着大雨，真是连我都不如啊！"

秦始皇听了优旃的话，仿佛意会到了他的弦外之音，于是下命令，让卫兵们减半值勤，实行轮班制度。

还有一次，秦始皇想要扩建皇家射猎场，准备把东边的函谷关，西边的雍县、陈仓等地都划为一片，好让他打猎消遣。可是，他的这个想法不仅会占去老百姓大量的耕地，还耗资巨大，实在是太奢侈了。当优旃听到秦始皇这个想法时，他不是像其他大臣那样直摇头，反而拍手称好。他十分高兴地对秦始皇说："陛下，您还可以命人在新建的猎场里面多圈养一些凶猛的飞禽走兽，这样的话，如果有敌人想要从东面进攻长安的话，我们只要放出凶猛的禽兽咬他们，并用麋鹿的角来当武器，就完全可以打败千军万马了，这样多好啊，我们国家连军队都可以不用供养了！"

秦始皇听了优旃的话，立刻摸着胡子哈哈大笑起来，并觉得把钱留下来武装军队才是御敌的正道，于是，便打消了扩建猎场的想法。

无论是让士兵们一直值班还是扩建猎场，优旃都没有直接地反对秦始皇的做法，反而是通过一种非常幽默风趣的方式让秦始皇意识到自己的错误，并欣然接受和改正。

原文

庄周贫者，往贷粟于魏文侯。文侯曰："待吾邑粟之来而献之。"周曰："乃今者周之来见，道傍牛蹄中有鲋鱼焉，大息谓周曰：'我尚可活也？'周曰：'须我为汝南见楚王，决江、淮以溉汝。'鲋鱼曰：'今吾命在盆瓮之中耳，乃为我见楚王，决江、淮以溉我，汝即求我枯鱼之肆矣。'今周以贫故来贷粟，而曰'须我邑粟来也而赐臣'，即来，亦求臣佣肆矣。"文侯于是乃发粟百钟，送之庄周之室。（《说苑》）

译文

庄周家里闹穷，去向魏国借贷些小米。魏文侯说："好的，等老百姓纳了粮，一定给你送去。"庄周听后就说："今天我来的时候，看见路旁的牛脚印中有条鲫鱼喘着气向我问道：'我还能活吗？'我说：'等我替你到南方晋见楚王，求他溃决长江、淮水来帮你灌水。'鲫鱼瞪着眼恨恨地说：'现在我的性命只要一盆一瓮的水罢了，竟然要替我去见楚王，示他溃决长江、淮水帮我灌水。那你就要到枯鱼市场找我了。'现在我因为闹穷才来借些小米，你却说等老百姓纳了粮再给我。即使马上送来，也要到佣工市场找我了。"魏文侯听了庄子的话，就拨出一些大米，派人送到庄子的家里。

解读

庄子是个讲故事的高手，他以枯鱼之肆的故事来说借粮之事，可谓于嬉笑中来反驳魏文侯，真可谓神来之笔，当然这需要有很多的故事储备和高超的智慧，多多积累吧。

案例

晏子使楚

面对别人的质疑，直接的反驳不一定有效，通过讲故事的方式反而能够在嬉笑怒骂中驳斥别人的话，既达到了目的，又显示了自己高超的智慧。

春秋末期，齐国国君派晏子出使楚国。当楚王听到晏子要来的时候，就和他的大臣们商量说："听说晏子是齐国最能说会道的人了，现在，他就要来到我们楚国，你们有什么好的办法来羞辱一下他，好杀杀他的锐气。"

于是，下面立刻就有官员建议说："当晏子到来的时候，请让我用绳子绑着一个人从大王您面前走过，这个时候，您就故意问绑着的是什么人，然后我们提前让士兵回答说是齐国人。大王您再问说为什么要绑着他，这个时候士兵就回答说因为他偷了东西。我们可以借此来羞辱一下齐国人。"

楚王听了这个建议，觉得非常好，于是就按照这个官员的说法布置妥当了。

当晏子来到楚国的时候，楚王设宴热情招待他。当酒喝得正酣的时候，两名士兵绑着一个人要来求见楚王。

楚王见此，故意问道："你们绑的是什么人啊，为什么要绑他呢？"

士兵们听到楚王的问话，就按照预先布置好的那样回答道："回陛下，我们绑的是一个齐国人，因为他犯了偷盗罪。"

听到这个回答，楚王又故意看着晏子说："难道齐国人天生就很喜欢偷盗吗？"

晏子听了这段对话，也并不恼怒，慢慢说道："以前我听说过这样的一件事情：橘子如果生在淮河以南，那么它就是橘子；反之，如果生长在淮河以北，就会长成枳，而枳虽然长得和橘子一模一样，但它的味道不仅不甜，反而酸涩。为什么会这样呢？原因就在于水土条件不同啊。现在这个人虽然是个齐国人，但是他生长在齐国却从不偷盗，为什么一到楚国就偷起东西来了呢？莫不是楚国的水土会让老百姓很喜欢偷东西吗？"

楚王听了晏子的一番话，苦笑着说道："圣人是不可以和他开玩笑的啊，我反倒是自讨没趣了。"

面对楚王的羞辱，晏子不急不恼，反而以柑橘来打比方说明人在齐国勤奋劳作，一到楚国便做贼，也许是两国水土不同，让楚王自讨没趣，搬起石头砸自己的脚。

原文

鬼谷子曰:“人之不善而能矫之者，难矣。说之不行，言之不从者，其辨之不明也；既明而不行者，持之不固也；既固而不行者，未中其心之所善也。辩之，明之，持之，固之，又中其人之所善，其言神而珍，白而分，能入于人之心，如此而说不行者，天下未尝闻也。此之谓善说。”(《说苑》)

译文

鬼谷子说:“一个人行为不好，却要纠正他，这是件难事。劝说他的话不行之有效，说了而不听从，那是因为他还分辨不清楚的缘故；讲得明白清楚，对方仍然不实行，那是因为自己的观点坚持得不牢固；已经牢固地坚持自己观点，对方还是不实行，那是因为没有符合对方心中所爱好的。辩说得很清楚，观点坚持得很牢固，又能符合对方所爱好的，那么你讲的话，神奇而珍贵，明白而易分辨，能讲到人家心里去。像这样的劝说却不生效，天下还未曾听说过，这叫作善于劝说。”

解读

鬼谷子是纵横家的鼻祖，传说战国时期的纵横家苏秦和张仪是他的徒弟。他可谓是深谙劝谏之道，要求有三点，一要讲得明白清楚；二要观点要牢固；三是要符合对方的爱好。这三点做到了，相信没有不被说服的。

案例

晏子施计劝景公

要成功说服别人，要有明确的观点，清晰的条理和话语，还要符合对方的兴趣爱好，只有这样才能让对方乐于听你劝谏，并接受你的观点。

春秋时期，齐景公最喜欢的一个姬妾婴子不幸去世了，齐景公伤心过度，坚持为她守丧，三天三夜坐在那里茶饭不思，连觉都不睡了。很多大臣都多次劝说齐景公不要太伤心，但他却丝毫听不进去。

这个时候，晏子从外面走来，对齐景公说："大王，宫门外来了一个术士和一个医生，他们要求见大王，听说婴子病死了，他们愿意前来救她。"

齐景公听了晏子的话，心里非常开心，于是立刻从地上站了起来，说："真的可以让她起死回生吗？"

晏子说："这个我并没有把握，是这两位客人说的，他们既然会这样说，就必定医术精湛，就让他们进来试一试吧！不过，他们进来救人的时候还请大王您回避一下，好好地回去沐浴吃饭，因为他们还要在这里做法术求鬼降神呢！"

齐景公听了非常高兴，立刻答应道："好，只要能救活她，我什么都答应，我立刻就离开这里。"

趁着齐景公离开去沐浴吃饭的时间，晏子立刻让人把死者抬入棺内，入殓以后，他又来到齐景公面前对他说："大王，医生们看了婴子，还试了各种办法，可都没有见效，只好告辞走了。我见他们都没有办法，只好自作主张地把她入殓了，还请大王降罪！"

齐景公听了后，非常不高兴，知道晏子是故意把他骗开的，于是生气地说道："你明明是以救她为借口把我支开，然后又把她入殓却又不事先告诉我，我这个当国君的，已经是傀儡了。"

晏子听了，说道："难道您不知道人死不能复生吗？有句话说，君王臣从叫作顺，君僻臣从叫作逆。而如今君不顺而行逆，对贤人不能优待，而嬖妾死了却如此伤心，人都死了还想要让她起死回生。悲伤害性，已经是有损君王之道了。四方宾客听说您这样，都不愿意出使我国了，就连本朝的臣子们看到您这样，都羞于在朝中为臣了。如果您继续这样，是不能把百姓治理好的。按您的想法行事，也是不能保住国家的。陛下，您这样是不正确的。"

齐景公说:“你说的这些我现在不能明白,请你告诉我应该怎么做。”

晏子说:“国家的大臣、四方的宾客都在外面等着要见您呢,您要节哀啊。”

齐景公因为爱妾过世而悲伤过度,已经失去了应有的理智。在这种情况下,用直接劝谏的办法劝他显然不行。因此,晏子先投景公所好,让他暂时离开现场,等景公稍微平静下来,又一一和景公分析他这样做的利弊,从而让齐景公听取了他的意见。

原文

客谓梁王曰:“惠子之言事也善譬，王使无譬，则不能言矣。”王曰:“诺！”明日见，谓惠子曰:“愿先生言事则直言耳，无譬也。”惠子曰:“今有人于此而不知弹者，曰:‘弹之状若何？’应曰:‘弹之状如弹。’则谕乎？”王曰:“未谕也。”“于是，更应曰:‘弹之状如弓，而以竹为弦。’则知乎？”王曰:“可知矣。”惠子曰:“夫说者，固以其所知谕其所不知，而使人知之。今王曰‘无譬’则不可矣。”王曰:“善！”(《说苑》)

译文

有个宾客跟梁惠王说:“惠子谈论事理，善于使用比喻。大王叫他不要打比喻，他就不能高谈阔论了。”“好办法！”梁惠王说。第二天，惠子来晋见，梁王就向惠子说:“希望先生谈论事情直截了当一点，不要打比喻。”惠子说:“假如现在有个人不知道什么叫作‘弹’，他问道:‘弹的形状像什么？’我回答说‘弹的形状就像弹’这样他能明白吗？”“那当然不明白。”梁王回答。“那么我接着回答他说:‘弹的形状就像弓，用竹做弦。’这样他能明白吗？”“那该明白了。”梁王回答。惠子说:“要说明事理，本来就应该拿对方已知的事物来解释对方所不知的，才好让他明白。要是大王限制我不能打比喻，就没办法沟通思想了。”“好的，你就多多打比喻吧！”梁王说。

解读

如何把事情说的明白易晓呢，打比喻是个好方法，接受起来也容易，这是惠子的方法。但是如果有的人不喜欢打比喻的方式呢，看来劝谏之法还是要多准备几套方案为好，要因人而异呀，不可一套方法包打天下。

案例

淳于髡进谏

要成功说服别人，需要根据说服对象的性格特点、场景等不同而采取不同的方式，有的放矢，才能取得实效。

战国时期，齐国的齐威王非常喜欢喝酒，经常通宵达旦地纵酒欢乐。

有一次，楚国出兵攻打齐国，齐国派淳于髡出使赵国去搬救兵。不久，赵国就出师救援齐国，很快，楚国就败退了。

楚国军队撤退之后，齐威王非常开心。于是，在宫里大设酒宴犒劳淳于髡，并赐给他美酒。喝得正酣的时候，齐威王问淳于髡说："先生，您能喝多少酒呢？"

淳于髡立刻站起来，恭敬地答道："我有的时候只能喝一斗酒，有的时候却能喝一石酒。"

"先生为什么有的时候只能喝一斗，有的时候却又能喝一石呢？这可不符合常理啊。"齐威王疑惑地问道。

淳于髡说："大王您当面赏我美酒，执法官又站在我身旁，身后还站着御史，我心里紧张，所以只能低头喝酒，自然喝不了一斗就会醉啊。但是，如果是父母宴请贵宾，我卷起衣袖恭敬地在一旁为客人倒酒，客人不时地赏我残酒，我多次举杯祝酒，那么喝不了两斗就会醉。假设是很久没见的朋友突然碰面，相约一起去郊游，大家兴致很高，互相叙旧聊天，那么这样的话，我应该能喝个五六斗就会醉了。至于乡里间的聚会，一群男女随意坐在一起互相敬酒，没有时间的限制，又经常会玩六博、投壶之类的游戏，大家互相呼朋唤友，成群结队，把手言欢而又不会受到责罚，眉来眼去也不会被禁止，面前随时可见掉下的耳环，背后经常有丢掉的发髻。这个时候，我最开心能够喝到个八斗酒，可尽管这样也不过是有两三分的醉意罢了。等到天快黑了，酒也喝完了，就把剩下的酒倒在一起，大家盘膝而坐，男女坐在一起，各种鞋子都混在一起，现场一片狼藉，等到大厅的蜡烛已经熄灭了，主人在送完客之后却单独把我留下来，轻解罗裳，阵阵清香传来，这个时候，我是最高兴的了，我可以喝下一石酒。所以说，酗酒非常容易出乱子，乐极就会生悲，任何事情都这样的。”淳于髡这些话的意思非常明显，就是想告诉齐威王任何事情都不能走极端，否则就会走向灭亡。

齐威王听了淳于髡的话，连说：“好，好。”从那以后，齐威王不再整夜狂欢饮酒作乐了，并让淳于髡担任接待诸侯的宾礼官。

刚刚取得了胜利的齐威王肯定心里正开心，如果这个时候直接劝谏他不要喝酒，无异于当面给他泼一盆冷水，肯定是不会得到齐威王的认可的。但淳于髡却借着齐威王询问自己酒量的机会，婉言劝谏齐威王，通过说明自己在不同情况下酒量的不同，最终总结出酒能乱性、喝酒容易出乱子的结论，以此告诫齐威王。而齐威王听了淳于髡的话，自己从中悟出了深邃的道理，才会开心地接受了淳于髡的劝谏。

原文

魏文侯与大夫饮酒，使公乘不仁为觞政，曰："饮不嚼者，浮以大白。"文侯饮而不嚼，公乘不仁举白浮君，君视而不应。侍者曰："不仁退！君已醉矣。"公乘不仁曰："《周书》曰：'前车覆，后车戒。'盖言其危。为人臣者不易，为君亦不易。今君已设令，令不行，可乎？"君曰："善！"举白而饮，饮毕，曰："以公乘不仁为上客。"（《说苑》）

译文

魏文侯跟大夫们喝酒，指定公乘不仁执行酒令，下令说："喝酒不干的人，该罚一大杯。"有一次，魏文侯没有喝干，公乘不仁于是举起大杯子叫道："罚主君。"魏文侯只瞧着杯子，却不反应。侍候国君的人说："不仁退下去，主君已经醉了。"公乘不仁朗声说："《周书》上说：'前面车子的翻覆，是后面车子的警戒。'这是因为情况危险呀！做人臣子的不能轻视它，做人君的也不能轻忽它。现在主君已经下了酒令却不实行，可以吗？""好的。"魏文侯说着，举起大酒杯就喝。魏文侯喝完了罚酒，说道："请公乘不仁上座。"

解读

劝谏时要坚持自己的观点，这点是很重要的，不能别人喜好什么就说什么，这是谄媚之臣，对于一些原则性的事情，就要坚持己见，如果见到困难就退缩，还算得上什么忠谏之臣呢？

案例

魏徵直谏

劝谏别人，必然是自己先有成熟的想法再劝说别人。因此，在劝谏的时候，一定要坚持自己的立场，不能因为别人不喜欢或者会生气而改变自己的立场，这样的话，就只能是谄媚而不能算是忠臣了。

有一天，唐太宗问长孙无忌说："为什么每次魏徵向我进谏的时候，只要我没有采纳他的意见，他就会不停的向我进谏，这到底是什么原因呢？"

还没有等长孙无忌接过话来，在一旁的魏徵立刻说道："因为皇上您有的事情不对，所以我才会向您进谏。如果皇上您不听从我的劝说，我就立即顺从您的意见，那就只能按照皇上您的意思行事了，这样的话，不就和我劝谏的初衷相违背了吗？"

唐太宗说："那你也可以当时答应下来，顾及下我的脸面，等到退朝之后，再单独来向我进谏，这样不是更好吗？"

魏徵解释说："以前，舜就曾经告诫过群臣，不要当着我的面假装顺从我，背后又另讲一套，这可不是臣子忠于君王的表现，而是阴奉阳违的奸诈行为。所以，对于您刚刚的说法，为臣不敢认同。"

唐太宗听了，心里非常赞赏魏徵的意见。在大乱之后，魏徵在国家大政方针上主张宜快不宜慢，宜急不宜缓。有一天，唐太宗找来魏徵问："一个贤明的君王如果要治理好国家的话，应该要花上上百年的时间吧？"

魏徵显然不太同意唐太宗的意见，说道："贤明的君主治理国家，效果就像发出的声音一样，立刻就会有回音，一年就能有效果了，两年就太晚了，怎么会需要上百年呢？"

听了魏徵的话，尚书仆射封德彝立刻就讥笑了魏徵的看法，说他的看法太幼稚了。

魏徵听了他的嘲讽，并不恼怒，徐徐说道："大乱之后的国家，就像是久饿之人一般，正急着要吃东西呢，所以来得更快。行帝道则帝，行王道则王，事在人为，而不在于百姓是否可以教化。"

唐太宗听取了魏徵的意见，并积极施行有效的政策，只不过过了两三年，全国上下就呈现一片欣欣向荣的景象，从而开创了贞观之治的良好局面。

面对唐太宗的不同意见和尚书仆射封德彝的讥讽，魏徵都没有改变自己的观点和立场，而是据理力争，面对君王不对的地方，坚持要求改正到底，不搞阴奉阳违，也不屈服谄媚，才赢得了唐太宗的信任。

原文

赵简子问于成抟曰:“吾闻夫羊殖者贤大夫也，是行奚然?”对曰:“臣抟不知也。”简子曰:“吾闻之，子与友亲。子而不知，何也?”抟曰:“其为人也数变:其十五年也，廉以不匿其过;其二十也，仁以喜义，其三十也，为晋中军尉，勇以喜仁;其年五十也，为边城将，远者复亲。今臣不见五年矣，恐其变，是以不敢知。”简子曰:“果贤大夫也，每变益上矣。”(《说苑》)

译文

赵简子向成抟问道:“我听说羊殖是位贤能的大夫。他的德行怎么样?”“我不知道。”成抟回答。“听说你跟他最要好。连你都不知道，为什么呢?”赵简子问道。成抟说:“他做人的态度老是改变。当他15岁的时候，廉俭而不隐匿自己的过失;20岁的时候，仁爱而崇尚正义;30岁的时候，做晋国的中军尉，勇敢而更崇尚仁德;50岁的时候，当边城的守将，又能使远方的人来亲近。现在我已经有五年没见他了，恐怕他又有改变，因此才说不知道。”赵简子说:“果然是位贤能的大夫，每次改变都更上一层。”

解读

如何向上级推荐人才呢?成抟是先抑后扬，这样才会有后来上级的称赞之声。不是明说他有多好，而是举出许多实际的例子来，至于好不好、用不用的问题，则由上级自己决定。这点对现在来说很有用处，就是在举荐人才时，要多说一些实际情况，不要说一些夸大而无实际功用的好处，这样反而不利于人才的举荐。

案例

鲍叔牙荐管仲

推荐别人最好的办法不是用很多华美的语言来赞美别人，话再多还不如用一些具体的事例来说明，而且在推荐的过程中，要实事求是地说明情况，只有这样才有明显的说服力。

在齐桓公即位后，他到各处网罗人才来辅佐他成就大业。于是，他打算请鲍叔牙来担任宰相。当他找到鲍叔牙后，鲍叔牙却拒绝了齐桓公的要求，并非常诚恳地对他说："我不过是一个非常平庸的人，现在君王施恩于我，让我受到如此厚重的待遇，这可真是国君您的恩赐啊。但是说到治理齐国，我的能力还不足以把齐国治理的富饶强大，要请管仲来才行。"

齐桓公听了鲍叔牙的话，心里非常惊讶，问道："他曾经射过我一箭，你难道不知道吗，他是我的仇人？"

鲍叔牙回答说："抛开这些来说，管仲真的是天下的奇才。他不仅英明盖世，还才能超群。"

齐桓公追问道："那他和你相比，又怎么样呢？"

鲍叔牙沉静地说："比起我来说，他有五点超过我。宽以从政，惠以爱民；治理江山，权术安稳；取信于民，深得民心；制定礼仪，风化天下；整治军队，勇敢善战。"

鲍叔牙又进一步劝谏齐桓公消除旧怨，化仇为友，并说明当初管仲之所以会射杀齐桓公，是因为公子纠下命令让他这样做的，而他当时又效忠于公子纠。如果您现在主动消除前嫌，又对他委以重任，那么他肯定会像效忠公子纠那样效忠您。

齐桓公听了鲍叔牙的话，点头应允了，立刻就拜管仲为相国。管仲当了相国以后，充分发挥他的政治才能，大力实行改革，使齐国的国力迅速增强。七年后，齐桓公称霸四方，成了春秋第一霸。

当鲍叔牙向齐桓公推荐管仲的时候，不仅明确说明了管仲超出自己的五点，面对齐桓公的质疑，也没有遮掩，而是认真替他分析，说明管仲会像效忠公子纠一样效忠齐桓公，才让他放下心来放心任用管仲。

原文

括囊顺会，所以无咎。(《素书》)

译文

心中有数，闭口不言，凡事能顺从时机，这样可以远怨无咎。

解读

君主有了过错自然要指出，这是通常的道理。但是也要分清情况，并非事事皆可直言，此时需要的就是“慎言”。唯有如此，相处之时才可减少冲突，避免矛盾，有时甚至可以避祸。所以有时最好的讽谏就是不谏。

案例

桓道恭谏桓南郡

有的时候，面对上司的错误，不一定要直言指出，有的时候反而要慎言，只有这样才能尽量避免冲突，减少矛盾，有的时候还会有奇效。

魏晋南北朝时期，南郡公桓玄非常喜欢打猎，而且他还有绑人的特殊癖好。每次他出去打猎的时候，都会安排很多的车马随行，五六十里范围内族旗遍布田野，骏马驰骋，追击如飞，左右两翼人马所到之处，不避山陵沟壑。而每当军队行走得不够整齐，或者獐兔跳着逃走了，或者是发生了什么令他看不顺眼的事情，他总是会命人用绳子把下属绑起来。被绑的下属被绳子扎的很痛又不敢吭声，只能咬着牙关随着大部队走。

当时，有一个叫桓道恭的人，和桓玄是同一个大家族的，是曹参军的人，为人机智聪明。当他听说了桓玄的这个癖好后，经常会随身携带一根深红色的棉绳，并放在腰间。

和桓玄一起出去打猎的次数多了，桓玄发现了他的这一个习惯，心里非常好奇，但一直忍着没有问他。终于有一天，桓玄忍不住了，找来桓道恭问他为什么要随身带跟绳子在身上。

桓道恭说："听说您打猎的时候喜欢捆绑人，而我又经常跟随您一起出来打猎，总是免不了有一天会被捆绑的。我的手受不了麻绳上的芒刺，所以只好自己带上一根棉绳了。"

桓玄听了他的话，没有说什么就走了，不过，在这之后，他捆绑人的事情就少了很多。

面对桓玄的这一个令人难以接受的特殊癖好，桓道恭没有直接或委婉劝谏，而是用行动来顺从他的这一行为。而且当桓玄主动问起的时候，也只是说自己是为了满足他的爱好而又不伤害自己。桓道恭精辟而又谨慎的语言让桓玄意识到自己的错误，才最终有所收敛。

攻心卷

第七

原文

城可摧而心不可折，帅可取而志不可夺。所难者惟在一心。攻其心，折其志，不战而屈之，谋之上也。(《权谋残卷》)

译文

城池可以摧毁而人心不可折服，主帅可以擒获但是其志向不可能被折损。所以困难的地方在于征服人心。攻伐他的志向，摧毁他的意志，不用战斗就可以使他屈服，是上等谋略。

解读

攻城相比于攻心来说，攻心更难，正因为其难，所以才是上等的谋略。如果要想征服一城一地，就要先从人心开始，攻伐他们的志向和意志。

案例

攻心计

要攻下一座城池不是最难的事情，最难的是攻心，攻心则城池可破矣。

三国时期，关羽水淹七军，并生捉了于禁和庞德，这些战果让他非常的骄傲和轻敌。而东吴的一位名叫陆逊的年轻将领正是看到了关羽这一点，于是大加利用。他准备好一份厚礼，并写了一封信给关羽，信中的语气极为谦恭，这就使得原本就骄傲的关羽放松了对陆逊的警惕，以为自己不再会有江东之忧，便撤走了荆州的多半军队转而去攻打樊城。谁料到，吕蒙却乘机而入，偷袭成功，兵不血刃就把荆州给占领了。

关羽听到这个消息后，非常愤怒，立刻班师回来准备夺回荆州。荆州是关羽的老地盘，而且他要夺回荆州的愿望非常强烈，要是两兵交手，吕蒙也没有必胜的把握。这个时候，吕蒙就采取了攻心术瓦解军心，成功击破了关羽的军队。

吕蒙在荆州驻扎以后，立刻就命令三军："军中如果有滥杀无辜者、随意霸占百姓物品者，一律按军法处置。"并且还让荆州城内的各级官吏都按照原来的官职继续供职。同时，他还把关羽的一家老少都保护起来，并善待他们。吕蒙不仅说到，更严格执行这些命令。军中有一位他的同乡士兵，因为擅自拿走了百姓的箬笠来盖铠甲而被抓住了，吕蒙对他说："虽然你是我的老乡，但是我的命令已经发出去了，既然你已经违反了它，那就应当按照军法处置。"就这样，这位老乡就被斩首了，从此，三军上下没有谁再敢骚扰百姓了。

又过了几天，吕蒙又下了一道命令：凡是跟随过关羽出征的将士家庭，每个月都按照一定的标准给予粮米，有病的人，则会派医生来帮他治疗。结果，关羽所率军队的军属个个都对东吴感激不已，都在原地安心居住了下来。

再来看关羽，他一路上都气急败坏，先派了一个使者前去质问吕蒙的背信弃义。当使者来到荆州后，吕蒙亲自出城迎接，还以贵宾的礼节接待他，并解释说自己是奉上差遣，背信弃义实在是不得已。当吕蒙设宴款待使者以后，就送使者到馆驿去休息。这个时候，关羽的家属们都纷纷到使者那里打听消息，还让使者带去消息，都说家属们各个平安无事，衣食无忧。使者带着家属们的消息回到军中后，将士们一听说家中一切安好，吕蒙照顾得非常好，各个都非常开心，根本无心再作战。

在关羽班师回荆州的路上，就有不少的将士偷偷逃回荆州。当关羽的军队和东吴的军队作战的时候，吕蒙只派了几路兵马夹攻关羽的军队，又把城中将士的家属们都叫了出来，让他们在山上喊话。一时之间，四周都是荆州士兵觅子寻爷、呼兄唤弟的声音，这样一来，关羽军中的将士各个都循声而去，根本无心作战。关羽也喝止不住，于是军队便不攻自破。关羽逃到麦城，但无奈小小的麦城很快就被包围了，于是关羽父子俩最终都被活捉了。

面对关羽来势汹汹的进攻，吕蒙没有和他硬拼，而是采用了攻心的办法让他的军队中的士兵无心作战。于是，关羽的军队不攻自破。

原文

战国时有说齐王曰:“凡伐国之道，攻心为上，攻城为下。心胜为上，兵胜为下。是故圣人之伐国、攻敌也，务在先服其心。何谓攻其心？绝其所恃，是谓攻其心也。今秦之所恃为心者，燕、赵也，当收燕、赵之权。今说燕、赵之君，勿虚言空辞，必将以实利，以回其心，所谓攻其心者也。”(《反经》)

译文

战国时有人劝说齐王:“攻打一国的方法，以攻心为上策，以攻城为下策。心胜为上，兵服为下。所以圣智之人讨伐他国、战胜敌人，最要紧的是先使其心服。什么叫‘攻心’呢？断绝他的凭恃就是‘攻心’。现在秦所凭恃为心的，是燕国、赵国，应收回燕、赵的权力。如今劝说燕国、赵国的国君，不要只用空言虚辞，一定要给他们实利，用来回转他们的心，这就是所说的‘攻心’。”

解读

如何攻心呢？就要看对方的心里在想什么？他想什么就给他什么，这样才能征服他的心，如果只是一些不痛不痒的说辞是没有用的。

案例

心理学家成功的秘诀

攻心术要取得效果，首先就必须弄清楚对方心里在想什么，只有弄明白对方在想什么，才可能对症下药，打动对方的心。

二战期间，美国因为战争需要，必须动员大批的青年去服兵役，但大多数的美国青年已经习惯了安逸的生活方式，担心参军以后自己的生命会在战争中戛然而止，于是都上街抵制美国五角大楼发出的征召号令。其中，俄亥俄州的地方行政长官已经是第五次被参谋长联席会议主席教训得狼狈不堪。他只好解释道，他自己已经说得口干舌燥了，但是那些怯弱且一身意见的青年仍然不肯听从他的号召。正当他为此头痛不已的时候，有一个人向他推荐了一位非常著名的心理学家，说是可以让他去劝劝那些青年。

这位心理学家经过事先充分的准备，信心满满地来到了招兵现场。当他对着台下漫不经心的青年时，足足沉默了5分钟时间，再用非常浑厚的男中音开始了演讲：

“亲爱的孩子们，我和你们一样，都非常珍惜自己的生命。”

台下的青年们看他很有学者的风度，而且说的话又很符合自己的胃口，于是都静下来认真聆听他的演讲。

“首先我想说的是，珍爱生命并没有过错，因为我们每个人都只有一次生命。而且，平心而论，我和大家一样，也反对战争、害怕死亡，如果谁要求我到战争前线去，我很有可能会和大家一样，都想躲开这项命令。”

“不过，在我的心里也存在着另外一种侥幸的心理：那就是如果我去服兵役，那么也有可能只有一半的概率会被派到前线去作战，因为我也有可能会被安排在后方；即使被派到了前线，那么我作战的概率也同样可能只有一半，因为指不定我会是某位长官的左右手而被留在安全区域呢；假设我十分不幸被要求扛着枪到前线去，那么我受伤的概率也一样只有一半；就算运气不好受伤了，如果只是轻伤的话也不足以接受死亡之神的召唤，所以，我实在没有过分担心的理由；假设我受的是重伤，那么也有可能在医生的帮助之下，脱离鬼门关；退一万步来讲，就算我真的不行为国献身了，那么我的亲人和朋友都将会为我感到骄傲和自豪，我的父母不仅会得到一枚最高的勋章，还能够得到一笔数量不小的抚恤金和保险金呢，隔壁家的小孩都会把我当作英雄和偶像来崇拜。而我，将作为一名伟大的战士进入天堂，来到慈祥和蔼的天父身边，指不定还有可能见到大家都很崇拜的华盛顿将军呢！”

听了这位心理学家的演讲，在场的青年们都纷纷表示愿意赌一把，因为他们或是想成为一名英雄，或是家庭条件不好，即使出事了也可以得到一笔巨额的抚恤金。

心理学家的这一番话，就是找到了青年们潜意识下的心理需求，并一步步加以引导，才使他们成功地被说服。

原文

沛公西入武关，欲以二万人击秦峣关下军。张良曰："秦兵尚强，未可轻也。臣闻其将屠者子，贾竖易动以利。愿沛公且留壁，使人先行，为五万人具食，益张旗帜诸山上，为疑兵。令郦食其持重宝啖秦将。"秦将果欲联合，俱西袭咸阳，沛公欲听之。良曰："此独其将欲叛，士卒恐不从。不从，必危，不如因其懈击之。"沛公乃引兵击秦军，大破之。(《反经》)

译文

沛公刘邦向西进入武关，想用二万人攻打秦峣关的守军，张良进言说："秦兵还很强盛，不能轻敌。我听说峣关的军官是屠户的儿子。商贩出身的家伙容易利诱。希望沛公暂且按兵不动，派人先去，准备5万人的供给以张声势，再在一些山头上布满旗帜，以为疑兵，叫郦其食带着值钱的珍宝去贿赂秦军的将领。"秦军将领果然要求联合起来一同西进袭击咸阳。沛公准备听从这个要求，张良说："这不过是那些将领想叛变罢了，恐怕部下的兵士是不听从指挥的。部下不听从肯定会出危险，不如乘其懈怠进攻。"沛公于是领兵袭击，大破秦军。

解读

在采用攻心战术时，要乘机而动，因为心是在变的，所以要在别人的心里发生动摇时，加紧行动，否则时机就会出现变化，这样攻心之术就会失败。

案例

毛遂力促楚国合纵

采用攻心术劝谏别人时，当看到别人的心理在起变化时，一定要抓住时机步步紧逼，否则时机就会出现变化，这样一来，攻心术就会很容易失败。

战国末期，秦国进兵包围赵国都城邯郸，邯郸危在旦夕。赵王派平原君赵胜出使楚国，请求和楚国订立合纵盟约，以出兵解邯郸之围。楚王犹豫不决，他们两个从早上谈到中午，楚王还是下不定决心。

在朝堂下等候的毛遂见此，手里按着剑拾阶而上，昂首挺胸走到朝上来。他对着平原君一鞠躬，说："合纵的事情，只要说明其中的利弊，三言两语就可以说得清楚，为什么你们说到中午还没有说定呢？"

楚王看到居然有人持着剑直接闯到朝堂上来，而且还出言不逊，不禁非常生气，但又碍于不明白此人的底细，又惧怕毛遂的威严，就转过头去问平原君说："来者是什么人？"

平原君说："这是我的门客毛遂。"

楚王听到不过是一个门客，立即就大声斥责道："大胆狂徒，本王和你家主人商谈合纵要事，哪里轮得到你来插话，还不快退下？"

听了楚王的话，毛遂丝毫不畏惧，反而拔出剑来走上前去，说："合纵乃是天下大事，天下的人都可以谈论它，更何况现在是在我家主人面前，你何来高声斥责的道理？不过是仗着你人多势众罢了。但是，现在你和我相距不过十步的距离，你的性命都握在我的手里，还强逞什么威风？想当年，汤凭借着七十里之地而称霸天下，周文王也不过是靠着百里地，却让天下诸位大臣臣服，还有谁是靠着人多势众赢得了天下呢？"

听了毛遂的话，楚王的脸色稍微缓和了下来，说："先生有什么话要说呢？"

毛遂说："之前楚国西边有黔中、巫郡，东边有夏州、海阳，南方有洞庭、苍梧，北方有陉塞、郇阳，方圆五千里，带甲百万，车千乘，骑万匹，是称霸天下的条件啊，试问当时有哪个国家能够与之比拟？可如今，这么大一个国家居然被秦国攻打的把这些地方都弄丢了。就连我们赵国都替之感到羞愧啊，为什么大王您却能够偏安一隅，只求平安，而丝毫不考虑复仇之事呢？合纵之事，对楚国确实是有百益而无一害。想那秦国早就存着狼子野心，赵国要是灭亡了，楚国也不会长久。想当年，就是因为六国结盟，才让秦国在十五年之间不敢轻易东进。现在秦国虽然包围了邯郸，还派出二十万精兵连夜攻打，却不能损坏邯郸丝毫。况且魏国和赵国一向交好，要是现在楚赵联合成功了，那么我们再联合魏、韩，就一定可以把围困邯郸的秦国精兵消灭掉，这样，只要趁势向西，楚国就可以收复失地了，这可是难得的好事，您为什么老是犹豫不决呢？”

楚王听了，连声说：“先生所言极是，就依你所言！”

毛遂不依不饶道：“拿定主意了吗？”

楚王说：“定了定了。”

于是毛遂立刻命人取来鸡狗马血来，让楚王和平原君当众歃血定盟，让他没有反悔的机会。

毛遂正是看到楚王脸色有所缓和，立刻和他说清楚合纵的利弊，让楚王同意合纵之事。当楚王答应以后，毛遂也没有就此作罢，而是立刻要求他们歃血为盟，让楚王没有丝毫反悔的余地，从而成功达到了目的。

原文

虚予而实取之。示之以害，其必为我所用。欲得其心，莫若投其所好。君喜则我喜，君憎则我憎，我与君同心，则君不为我异。（《权谋残卷》）

译文

表面上给予对方利益实际上是谋图对自己更大的利益。向对方说明利害关系，对方就一定会为我所用。要想征服对方的心，没有比投其所好更好的办法了。他喜欢的我就喜欢，他厌恶的我就厌恶，我与他是一条心的，他就不会把我当外人。

解读

攻心首先要投其所好，先与其一条心，然后才能“心心相印”，心连在一起了，自然就会共同出力，这样就可以谋取更大的利益。

案例

阿凡提智斗财主的故事

要使用攻心术，就要明白对方的喜好，掌握对方的心理需求，只有当他觉得你能满足他的要求时，他才会被你的说法所打动。

阿凡提是维吾尔民族传说中的传奇人物，他经常采用诱导的语言技巧，帮助百姓出气，去惩罚那些贪得无厌的财主。

有一天，阿凡提到一位非常吝啬的财主家去借锅。那个小气的财主当然不同意了，最后还是把阿凡提的小毛驴留了下来做抵押才肯让他把锅拿走。

第二天，阿凡提按照约定的时间把锅拿回来了。他的手里还同时带着一只小锅，那个财主就非常好奇的问："阿凡提，你带着这个小锅来做什么？"

聪明的阿凡提故作神秘地说道："老爷，您不知道，昨天您借给我的那个锅怀孕了，今天一大早起来，我就发现了这个小锅，所以就一并带过来还给你了！"

那个财主当然不相信锅会生孩子了，他还以为阿凡提是一个笨蛋呢！但为了得到这个小锅，他也就顺着阿凡提的话说下去："是啊是啊，昨天借给你的时候啊，它正怀着孕呢！"说着，接过阿凡提手中的两个锅就让阿凡提去牵他的小毛驴了，并故作大方地说："以后啊，你要借什么东西，都只管来借，不用客气啊。"

从那以后，只要阿凡提每借一样东西，都会照样归还地主一个小东西。每次这样，财主都会非常开心，心里却嘲笑阿凡提愚蠢。

半个月过去了，有一天，阿凡提愁眉苦脸地来到财主家，满面愁容地对他说："老爷，我的母亲生病了，我想向您借那口祖传的金锅去给我的母亲煎药。"

财主想到过不了几天就会有两只金锅到手，立刻就把金锅借给了阿凡提。

哪知这一次，阿凡提过了很久都没有把那只金锅还过来，于是，财主等得不耐烦了，打算亲自上门去把锅要回来。当财主准备出门的时候，只见阿凡提匆匆忙忙地跑过来，喘着气对地主说："老爷，不好了不好了，你借给我的那个金锅难产死了！"

那个财主一听，心里非常生气，瞪着眼睛骂他："你放屁，锅怎么可能会死呢？"

阿凡提立刻大声说道："老爷，既然你相信锅会生小孩子，那锅为什么就不会难产死呢？"

贪心的财主被自己的贪婪弄得哑口无言，自知理亏，灰溜溜地回去了。他不仅失去了珍贵的祖传宝贝，还一时之间成为了大家的笑柄。

阿凡提正是摸准了财主的贪心，并让他以为只要借了东西给阿凡提，阿凡提就会多还他一样小东西，才会在阿凡提借金锅的时候毫不犹豫地借给了他。

原文

齐攻鲁，子贡见哀公，请求救于吴。公曰:“奚先君宝之用？”子贡曰:“使吴责吾宝而与我师，是不可恃也。”于是以杨干麻筋之弓六往。子贡谓吴王曰:“齐为无道，欲使周公之后不血食。且鲁赋五百，邾赋三百，不识以此益齐，吴之利与、非与？”吴王惧，乃兴师救鲁。诸侯曰:“齐伐周公之后，而吴救之。”遂朝于吴。(《说苑》)

译文

齐国要攻打鲁国，子贡去晋见鲁哀公，请求去吴国搬救兵。鲁哀公说:“何不用祖先的宝器去请求救援呢？”子贡说:“让吴国索取我国的宝器，然后给我们救兵，这是不可靠的。”因此就用六副杨树干和麻纤维制作的弓箭前往。子贡对吴王说:“齐国行的不是正道，想要使周公的后代失去禄位；况且鲁国的赋税有五百，属国邾国的赋税有三百。不知道一旦齐国拥有了这些，对吴国有利呢，还是不利呢？”吴王就派军队去救援鲁国。诸侯们说:“齐国攻打周公的后代，吴国就救助。”于是都来朝会吴国。

解读

子贡之所以不用鲁国的宝器去向吴国救援，是因为他看到吴王看重的不是宝器，而是要争霸，所以用齐国强大，那吴王的称霸梦就会破灭，所以吴王一定会出兵帮助鲁国。

案例

劝谏要对症下药

要说服别人，就要针对不同人的心理需求采取不同的办法来对症下药，否则就很难取得效果。

苏洵在《谏论》里就列举了一个十分有趣的例子：

古代的时候，有三个人，一个人非常勇敢，最讨厌别人说他胆小懦弱；一个人胆量中等但却视财如命；一个人就非常的胆小，十分珍惜自己的生命。

有一天，一个人把这三个人带到一个深沟旁边，对他们说："如果谁能够跳过去，就称得上是勇敢的人，否则就是胆小鬼了。"

那个勇敢的人一向视胆小为可耻的，一听那个人的话，为表明自己不是胆小鬼，就毫不犹豫地越过去了。而其他两个人看着这个深沟，不管那个人怎么说他们胆小，他们就是不肯去跳。

第二次，那个人对剩下的两个人说："只要你们能够跳过去，那么就赏给你们每人 2000 两黄金。"

那个视财如命的人一听，眼睛立刻就放光了。于是，为了得到那笔厚厚的奖赏，他就毫不犹豫地跳过去了，而那个非常胆小的人却仍然坚持不肯跳，因为比起钱来说，他更在意自己的生命。

这个时候，突然山中跑出来一头猛虎，朝着那个胆小的人咆哮过来。那个胆小的人见状，吓得立刻腾身而起，就像跨平地一般越过深沟去了。

由此可见，要说服别人，就应该根据对方的心理需求来下药。对那个胆大之人，就应该用胆小来刺激他，只有这样，他才会为表明自己的勇敢毫不犹豫地跨过去；对于那个爱财的人，就应该用珠宝来诱惑他，只有这样他才会为了珠宝而勇敢地去尝试；而对于那个非常胆小的人，就应该用生命的危险来威胁他，只有这样他才会为了保命而毫不犹豫地跨到对面去。

原文

孝武皇帝时，汾阴得宝鼎而献之于甘泉宫。群臣贺上寿曰："陛下得周鼎。"侍中虞邱寿王独曰："非周鼎。"上闻之，召而问曰："朕得周鼎，群臣皆以为周鼎，而寿王独以为非，何也？寿王有说则生，无说则死。"对曰："臣寿王安敢无说。臣闻夫周德始产于后稷，长于公刘，大于太王，成于文、武，显于周公。德泽上洞天，下漏泉，无所不通。上天报应，鼎为周出，故名曰周鼎。今汉自高祖继周，亦昭德显行，布恩施惠，六合和同，至陛下之身逾盛，天瑞并至，征祥毕见。昔始皇帝亲出鼎于彭城而不能得；天昭有德，宝鼎自至，此天之所以予汉，乃汉鼎非周鼎也。"上曰："善！"群臣皆称万岁。是日，赐虞邱寿王黄金十斤。（《说苑》）

译文

汉武帝时，汾阴地方发现了一个宝鼎，进献到甘泉宫来。一时文武百官都来祝贺说："恭贺陛下获得周鼎。"但是侍中虞邱寿王却独自说："这不是周鼎。"汉武帝知道后，召见他问道："朕获得周鼎，文武百官都认为是周鼎，唯独你寿王认为不是，为什么呢？解释的合理就让你活，不合理就让你死。"虞邱寿王答道："我寿王哪敢没根据乱说话呢？我听说那周朝的盛德开始滋生于后稷，发展于公刘，壮大于太王，成就于文王、武王，显扬于周公，盛德的惠泽上达天庭，下及泉穴，无所不通；上天受到感应，专为周朝而重现了宝鼎，所以称为周鼎。如今，汉朝从高祖继承周德以来，德行昭彰，恩泽广施，四面八方和谐亲睦，到了陛下这个时候更加隆盛，上天吉利的兆头接连而来，有征验的吉祥之事出现了。从前秦始皇亲自在彭城指挥打捞宝鼎，也没法得到它。上天为了显扬有德的帝王，宝鼎自然就来了。这是上天特别拿来送给汉朝的，所以是汉鼎，不能叫作周鼎。”“果然是汉鼎！”汉武帝高兴得叫起来。文武百官听了都高呼万岁。当天，虞邱寿王得黄金十斤的赏赐。

解读

虞邱寿王为什么敢异于大臣说不是周鼎，就是因为他知道汉武帝是个好大喜功之人，自然喜欢超过周鼎，所以才敢说是汉鼎。攻心要比别人攻得好、攻得妙，才会有大的所得。在同等条件下，攻心就要看谁攻得更高了。

案例

打蛇打七寸，攻心攻死穴

在使用攻心计的过程中，只有掌握比别人更多的信息，对准被说服人的性格特征采取策略，直击对方的心理弱点，才有可能成功。

有一天，一个公司的行销部经理碰到了自己以前在部队的一个朋友，那个朋友听说他们公司是做洗发精的，就用很低的折扣订了9000元的货，然后，以直销的方式卖给亲友，由于这个洗发精的知名度很高，货物很快就卖完了。但那个经理到那个朋友家来收款时，他却推脱说还没有收到钱，因此暂时没钱可还。之后，那个经理又连续催了三个月，可他还是拖着不肯归还。不仅如此，他的那个朋友还一副吃定他的样子，整天装作没事人一般，这让他心情非常不好。

为了采取有效的措施让这个朋友还款，于是他打电话给以前部队上的其他弟兄，打听一下有没有人了解这个人以前做过什么，现在又在做什么。他一连打了几十个电话，一开始还没什么线索，后来问到几个人，才知道这位弟兄早就有诈欺和背信的前科，据说之前一直在做直销，后来一直处于失业状态，家人也和他断绝了来往。

直到这个时候，这个经理才摸清了这个朋友的底细，不过，这种人一错再错，根本不知悔改，很难找到有效的办法让他自觉还钱。而且还有其他的人也被骗了，想想自己心理也能平衡一下。

又过了几天，他的公司又催着他要叫客户还钱了。于是，那个经理没有办法，又四处电话打探这个朋友的消息。终于，功夫不负有心人，这一次，他得到一条非常有利的线索，原来，这个到处招摇撞骗的朋友目前还在假释中。这个经理又立刻咨询了律师，律师告诉他，如果犯人在假释期间，有任何违法的行为，马上就会被拘入监狱服刑或者是被检查官、假释官约谈。

得到这个消息的经理心里非常开心，他终于找到了一个好办法了。他立刻打通了这个朋友的电话，对他说："大家朋友一场，9000也不算多，大不了我帮你垫了。不过，我们公司有规定，那就是对于倒账的客户，一定要把他的资料交到警方或检方报备，这个是公司的规定，我也是当你是朋友才告诉你的，现在我们公司的法务室已经了解到，你有前科在身，现在还在假释中。要是资料送进去了，你可得为了9000块吃牢饭，这可得不偿失啊，你自己想想清楚。"

听到这番话，他的这个朋友态度立刻大变，连声说自己马上会把钱送到。第二天一大早，那个朋友就带着钱来到他的公司还账。

打蛇要打七寸，攻心要攻死穴。对付这个四处招摇撞骗，大家都拿他没办法的人，这个经理正是找到他的死穴，才让他乖乖把钱送回来的。

原文

赵使人谓魏王曰:“为我杀范痤，吾请献七十里之地。”魏王曰:“诺!”使吏捕之，围而未杀。痤自上屋骑危，谓使者曰:“与其以死痤市，不如以生痤市。有如痤死，赵不与王地，则王奈何? 故不若与定割地，然後杀痤。”魏王曰:“善。”痤因上书信陵君曰:“痤故魏之免相也。赵以地杀痤而魏王听之，有如强秦亦将袭赵之欲，则君且奈何?”信陵君言于王而出之。(《说苑》)

译文

赵国派人对魏王说:“您若替我们杀掉范痤，我们就献上七十里的地方给您。”魏王说:“好的。”就派差吏捕捉范痤，将范宅围起来了。范痤爬上屋顶，骑在屋脊上，对差吏说:“与其拿死的范痤和赵国做交易，不如用活的范痤做交易。假如我范痤已死，赵王就不给您土地了，那么您怎么办呢? 所以，您不如跟赵国完成割地的手续，然后再来杀我。”魏王有些动心了。范痤就上书给信陵君说:“我范痤原是魏国免了相位的人，如今赵国用土地贿赂魏国来杀害我范痤，魏王听信这件事。假如今后强秦也仿效赵国的办法来杀害你，那么您将怎么办呢?”于是，信陵君就劝说魏王，终于救出了范痤。

解读

范痤之所以能实现自救，首先他了解魏王，求得了缓死之计。然后他又给信陵君写信，找到了同盟，并讲明他们属于同样之人，打动了信陵君之心，取得了同盟，以信陵君在战国时的威望，自然能脱险。看来在险境中用攻心术求得同盟是个脱险的好办法。

案例

烛之武退秦师

在危急的情况下，用攻心术来争取同盟，能够有效化险为夷，脱离险境。

公元前630年，秦国和晋国借口郑国曾对晋文公无礼，而且还心怀二心与楚国亲近，于是共同出兵围困郑国。晋国的军队在函陵驻扎下来，秦国的军队在氾水南面驻扎下来。郑国两面受到攻击，情况十分危急。于是，烛之武被郑伯派去见秦君，让他说服秦君不要攻打郑国。

当天夜里，烛之武让士兵把自己从城墙上放下去。出了城墙，他连夜赶路，当天夜里就见到了秦伯。他对秦伯说："秦国和晋国一起出兵攻打郑国，现在郑国已经知道自己即将要亡国了。如果灭掉郑国真的对您有好处的话，我们怎么敢拿这件事情来麻烦您呢？跨过晋国而把远方的郑国作为自己的边界，您也知道这是一件非常困难的事情，您怎么可以灭掉郑国来加强邻国的实力呢？如果邻国的实力强大了，这就意味着您的实力被削弱了。如果您放弃攻打郑国，而把郑国作为您东边路上的朋友，您的外交使者来来往往，那么郑国将会给他们提供粮食和住宿，这对您是有利而无害的呀！更何况，您曾经有恩于晋惠公，而晋惠公也曾经许诺把焦、瑕两座城池划给您，可是，当他早上过了黄河的时候，晚上就命人在那里建筑防御工事，这件事情您也是听说过了的。晋国怎么会有所满足呢？现在他已经打算灭掉郑国好作为他东边的疆域，如果他要扩展西边的疆域，假设不损害秦国的利益，又能从哪里去扩展呢？损害秦国的利益却又让晋国得到好处，这种事情您还是仔细考虑考虑吧！"

秦伯听了这番话，觉得非常有道理，就立刻和郑国人结盟了。于是，他又派了杞子、逢孙和扬孙在郑国驻防，随后，撤兵回国了。

子犯听到这个消息，立刻要求出兵攻打秦军。晋文公拒绝道："这怎么能行呢？没有秦君，就没有我的今天。依靠别人的力量反过来伤害别人，这是不仁慈的；丢掉自己的同盟国，是不明智的；用散乱的局面来代替整齐的局面，这是不符合武德的。我们还是回去吧！"于是，晋国军队也撤离了郑国。

在面临亡国危险的情况下，烛之武正是和秦君分析攻打郑国的利弊，告诉他这样做对他无益，才争取到了秦国的支持，让他自行退兵，保住了郑国的安全。

原文

攻心之术多矣。如武穆用兵，在乎一心。乱之扰之，激之困之，俟之以变，然后图之。欲得之，先弃之；欲扬之，先抑之。畏之危之，其心必折，计然后可用。(《权谋残卷》)

译文

征服别人内心的权术很多。就像岳飞用兵一样，仅仅战场上的攻心之术就很多。扰乱对方，激将对方，困扰对方，等待变化，然后才可以谋图他。想要得到，就先要放弃；要想发扬光大，就先要抑制自己。使对方畏惧，处于危险中，他们的内心一定会受到挫败，这个时候计谋才可以实行。

解读

如何创造攻心的条件呢？那就要先让别人的心理发生变化，有了变化，就有机可乘，在时机到来时，就可以用攻心之术了。当然这其中要学会自我变化，先舍弃一些东西，其一切目的都要为对方的心理变化为主旨，如果自己不变是不行的。

案例

沉默的力量

攻心之前要创造好条件，创造条件就是让别人的心理发生变化，有了变化就有机可乘，就要抓住时机，采用攻心之术。

有一个印刷厂老板得知另外一家公司的老板打算购买他的一台旧的印刷机，他的心里十分开心，但你却不能从他的外表上得到一丝一毫的信息。他经过仔细地计算，决定以250万元的底价来出售这台旧机器。

到了谈判那天，这个印刷厂的老板气势沉稳地坐在谈判桌上一声不吭。几十分钟过去后，大家该寒暄的早就寒暄完了，可是这个老板还是不肯多说一句。于是，买主就沉不住气了，不知道对方葫芦里卖的是什么药，就滔滔不绝地对这台旧的印刷机挑剔起来，希望可以借此把价格压低下来。

但是，面对买主的多方挑剔和一再杀价，这位印刷厂的老板非常沉得住气，他只是一言不发，微笑地看着对方。他这样的举动可让买主完全摸不着头脑，甚至乱了自己的阵脚，因为他根本不知道卖主心里在想什么，也不知道卖主在玩的什么花样，他不仅不反驳，也不据理力争，和买主一开始设想的完全不是一回事啊。

忽然，买主心里一惊，心下揣测：这个印刷厂老板如此镇定，莫非早已经找到了好的买主?

最后，买主实在是沉不住气了，他的心理防御已经完全崩溃了，低声咬牙说："这样吧，350万元，就这么多了，如果你要再多的话，我一个子儿也不能加。"

350万元，这可比这位印刷厂老板原来预想的要高多了，这也让他大为惊讶。于是，就这样，他一言不发，就以高价顺利地卖出了这台旧机器。

原来这个印刷厂老板早就知道这位买主急需一台印刷机，所以，无论价格高低，他都要买。为了压低价格，他也只能虚张声势、投石问路，看看能不能少出一点钱。而这个时候，只要卖方不太积极地回应，好像卖不卖都无所谓，或者给他已经有人抢先要买的感觉，这个时候，买方在心理上就会恐慌，担心价格出得太低就买不到这台机器，所以才会用高价购进它。

这位印刷厂老板正是深刻地明白了这一点，明白这位买主的急于成交，就是最适合这个策略的"时机点"，才一言不发，让这位买主自己先崩溃了。

原文

叔向之弟羊舌虎善栾逞。逞有罪于晋，晋诛羊舌虎，叔向为之奴。既而，祁奚曰："吾闻小人得位，不争不义；君子在忧，不救不祥。"乃往见范桓子而说之曰："闻善为国者，赏不过，刑不滥。赏过则惧及淫人，刑滥则惧及君子。与不幸而过，宁过而赏淫人，无过而刑君子。故尧之刑也，殛鲧于羽山而用禹；周之刑也，僇管、蔡而相周公：不滥刑也。"桓子乃命吏出叔向。救人之患者，行危苦而不避烦辱，犹不能免；今祁奚论先王之德，而叔向得免焉，学岂可已哉！（《说苑》）

译文

叔向的弟弟羊舌虎与栾逞很有交情，栾逞在晋国犯了罪，晋国杀死了羊舌虎，叔向受到牵连。事情发生后，祁奚说："我听说小人得了官位，不对不正义的事情做斗争；君子忧虑的是，不努力化解不吉祥的征兆。"于是就去拜见范宣子。劝他说："听说善于治理国家的人，行赏不会过分，刑罚也不会滥用。行赏过分就怕赏给邪恶人，刑罚滥用就怕罚到君子头上。与其不幸而过分，那么宁可行赏过分而赏了邪恶人，不要滥用刑罚而罚了君子。所以，尧的刑罚，在羽山赐死鲧而起用禹；周朝的刑罚，处死管叔、蔡叔而任用周公为宰相，是不滥用刑罚的。"范宣子便命狱吏放出了叔向。解救别人的灾难，做起来很艰难，而且难免烦劳受辱。即使这样，有时还不能使人免除灾难。如今祁奚论说先王的圣德，而叔向就得以免除灾难，学习不可以停止呀！

解读

范宣子之所以能放了叔向，就是因为祁奚向他举了尧和周朝的例子，申明刑罚应该宽容的好处。有时攻心之术还要讲究讲明正理，以理服人，情理结合才是最好的攻心妙术。

案例

老奶奶情理结合劝孙女

用攻心之术，既要用情感人，还要用理感人，情理结合才能让人心服口服。

一位下乡的知识女青年小红在农村和农民小刘结婚了，婚后育有一个女儿。后来，政策改变了，小红回到了城里，又碰到了以前在城里的恋人，两个人想要重新在一起，可是却遭到了她爸爸的强烈反对。正当她犹豫不决的时候，她在农村的丈夫小刘又被人诬告而进了监狱。正当小红进退两难，不知如何选择的时候，她只好求助于她一向信任的奶奶。

当她来到奶奶住的地方时，她奶奶对她说："你的事情我都已经知道了，你现在打算怎么办呢？"

当看到慈祥的奶奶时，小红再也忍不住哭了出来，说："我……我不知道，我说不出来……"

奶奶摸着小红的头说："好孩子，奶奶知道你受委屈了。不过，人，谁没有受委屈啊。在我24岁的时候，你爷爷就壮烈牺牲了。当时，村里的人都劝我说再找个伴儿。就连你曾爷爷都对我说'闺女，地头还长着呢，再往前去一步吧'。不过，我不想给自己的孩子找个后爹，硬是咬着牙齿挺了过来。后来，儿子们一个个都长大了，当了兵，又一个个地都牺牲了。不过，我从来没有在外人面前掉过一滴眼泪。人活着一世，就是为了别人而活，要受苦受难，天下哪有那么多幸福？所以啊，就算委屈，也要先委屈一下自己。"

看着自己的孙女，奶奶继续缓缓说道："做人啊，前半夜要多想想自己，后半夜要多想想别人。你和那个小伙子是很般配，但是就算你们两个在一起了，日子过得很开心惬意，你就能够保证你自己不会想着小刘他们父女俩？那个时候，虽然你自己泡在蜜糖里，但却始终不能忘记别人在喝苦水。你嘴上虽甜，但心里却苦。甜苦交织在一起，一辈子会成为一块心病的。奶奶我现在 80 多岁了，什么苦没有吃过，但可以说，没有做过一件亏心的事。俗话说得好啊，人这个字最难写，虽然看似简单，只有一撇一捺，但是做起来却是相当困难啊！”奶奶的话句句动人心，听得小红怔住了。

半晌，小红终于擦干了眼泪，说：“奶奶，我知道了。我今天就带孩子回家，伺候公婆，等着小刘出来。”

奶奶的话语重心长，她用通俗易懂的语言，站在对方的角度上，为她分析情况，既有情又有理，从而使孙女做出了正确的选择。

原文

治不以暴而以道，胜不以勇而以仁。故彼以暴，我以道；彼以勇，我以仁；然后胜负之数分矣。(《权谋残卷》)

译文

治理，不要用暴力而要用道义；取胜不要靠勇敢而要靠仁爱。所以别人用暴力，而我用道义；别人用勇敢，我用仁爱；而后胜败自然就明了了。

解读

攻心是什么？就是不用太强硬的手段，而用道义、仁爱，这些看似柔软的手段，其实是得了人心，人心得到了，什么事情办不到呢？

案例

王烈以德服人

攻心，就不是用武力等强硬的方式来让别人信服，而是用道义、仁爱等这些外柔内刚的方式来说服别人。

三国时期，有一个人叫王烈，为人恢宏大度，学识还非常渊博，因此，年纪轻轻就享有很高的声望。他非常善于教导别人，有一次，他们村里有一个人偷了别人家的牛，被牛的主人抓住了，这个偷牛贼羞愧难当，于是请求牛的主人说：“我情愿被杀死，也不愿意被王烈知道。”当王烈听到这个消息后，立刻就让人去看望他，还送给了他一匹布。

当时有人知道这件事情后，非常不解，就跑来问王烈说："他明明是一个小偷，你为什么还要送东西给他呢？"

王烈笑着说："虽然他是一个小偷，可是他却害怕我听到他的过失，这充分说明这个人还是有羞耻之心啊。既然有羞耻之心，就能够生出善心，说明还是能够成为一个好人。我之所以送布给他，就是希望他能够弃恶从善，改过自新啊。"

不久后，有一个老人不小心在路上弄丢了一把佩剑。一个路人看到这把剑之后，就一直在旁边守着，等候主人返回来找这把剑。到了傍晚的时候，这个老人终于找过来了，当他发现这个路人还在为他守着这把剑的时候，心里非常吃惊，也非常感激他。后来，这个老人把这件事情告诉了王烈。王烈就让人去追查一下这件事情，看看是哪个好心人帮助了这位老人。一追问下去，原来守剑人正是以前的那个偷牛贼。

王烈的德行越来越高，在乡里之间已经享有很高的声望了。乡里人之间互相发生了争执后，往往都想去请王烈来裁决。有的人走到半路上，或者是刚刚看到王烈的家，就都退了回去，向对方表示愿意退让一步，而不愿意让王烈知道他们之间有过纠纷。

王烈正是凭借着高尚的道德情操，才让众人发自内心的尊敬和佩服他。

原文

秦穆公尝出而亡其骏马，自往求之，见人已杀其马，方共食其肉，穆公谓曰:“是吾骏马也。”诸人皆惧而起，穆公曰:“吾闻食骏马肉不饮酒者杀人。”即以次饮之酒。杀马者皆惭而去。居三年，晋攻秦穆公，围之，往时食马肉者，相谓曰:“可以出死报食马得酒之恩矣。”遂溃围，穆公卒得以解难胜晋，获惠公以归。此德出而福反也。(《说苑》)

译文

秦穆公曾经在出巡的时候丢掉一匹心爱的骏马。秦穆公带人去找，看到自己的爱马已经被杀了，一群野人正高高兴兴围着在烤马肉吃，秦穆公痛惜地喊道:“这是我的骏马呀！”那些野人都吓得站起来，面如土色。秦穆公说:“我听说吃了骏马的肉，不喝酒的话，会中毒而死。”秦穆公叫手下人挨个儿给他们喝酒，一个也没漏掉。杀马的那一群人都羞愧地走了。过了三年，晋国攻打秦国，把秦穆公重重包围住。以前吃过骏马肉的野人，互相邀约说:“机会来了，可以舍命报答吃马肉又喝酒的恩德了。”突然冒出这一群凶悍的野人攻击晋军，晋军的包围圈马上溃决，秦穆公终能脱险，并且乘势击垮晋军，俘获了晋惠公，打了个大胜仗。

解读

秦穆公是个仁义之人，正是他的仁义为他带来了许多起死回生之事。所以许多事儿不是一报还一报能解决的，也许以德报怨能带来别人的以德报德。这正是攻心之术胜于杀伐之术的明证。

案例

吴王访王冕

广施仁义，才能够让别人心悦诚服，也往往能够让自己在需要帮助的时候得到别人的支持和协助。

有一天中午，王冕刚扫完墓归来，就看到有十几骑马直奔他的村子里来。在马的前列，有一个人头上戴着一条武巾，身穿团花锦簇的战袍，脸色白净，三绺髭须，长得一表人才！那个人到门首就从马上下来了，向着王冕施礼问道：“敢问一声，王冕先生家在哪里？”

王冕立刻还礼道：“小人正是王冕，这里就是寒舍了。”

那人听了，十分高兴，立刻说道：“如此太好了，我这次是特意来拜访你的。”然后吩咐随从的人都下马，把马系在湖边的柳树上，人则都在外边站着。然后，那个人就单独携着王冕进了屋子，按照宾主之礼坐了下来。

王冕说：“敢问尊官尊姓大名？为何来到这个穷乡僻壤呢？”

那人说：“我姓朱，之前在江南起兵，号滁阳王，现在已经占领了金陵，人称吴王就是在下。因有事从这里路过，特此前来拜访先生。”

王冕说：“乡里人肉眼不识，不知道原来是王爷来拜访。不过乡民本就是一介愚人，怎么敢劳烦王爷贵步呢？”

吴王说道：“孤不过是一介粗鲁汉子，今天能够看到先生的儒者气息，不觉心中的功利气息大减。孤在江南就听说了先生的大名。所以，今天特地来拜访，就是希望先生能够指点一二：浙江人就范之后，要怎样做才能让他们心服口服呢？”

王冕说：“大王您英明远见，是不需我多说的。如果以仁义服人，有何人会不服呢？这样的话，心服您的人岂止是浙江人？如果仅仅以兵力相逼，尽管浙江人难以抵抗，但恐怕会因为义气而不肯受此大辱。”

吴王听了，点头称是。就这样，两个人促膝长谈到太阳都西下了。那些随从人人都带了干粮，就自便了。王冕则亲自来到厨房，烙了一斤面饼，炒了一盘韭菜，端出来，两个人继续边吃边聊。吃过之后，吴王便连忙称谢，就上马走了。

那天晚上，秦老从城里归来，问到这件事情，王冕就说是之前的一个老相识，刚好顺路来看他的。几年以后，吴王就平定了祸乱，统一了天下，建国号大明，年号洪武。他登基以后，广施仁政，乡村的人各个都安居乐业、怡然自得。

当吴王问起王冕该怎么让就范的人心服时，王冕的办法是以仁义服人。以仁义服人，不仅是浙江人，天下之人都会归顺他。

原文

移花接木，假凤虚凰，谋略之道，唯在一心。乱其志，折其铎，不战自胜。(《权谋残卷》)

译文

移花接木，假凤虚凰，谋略的道理，只在于征服一个心字。扰乱他的心智，摧毁他的锋芒，不用和他作战就能够获胜。

解读

这里再次强调了攻心的重要性。不要一提到进攻，就是比装备，讲实力。当个人比较弱小时，攻心之术就显得更重要，这也是弱小之所以能战胜强大的法宝，弱小之人可以多从此方面加以谋略，定会转败为胜。

案例

郑板桥以诗会小偷

当敌强我弱时，千万不能和敌人硬碰硬，否则就是鸡蛋碰石头了。而应该用攻心之术，一直保持镇定轻松的态度，让对方摸不清你的情绪和真正的想法，往往能帮你扭转劣势，反败为胜。

清代著名的“扬州八怪”之一郑板桥，虽然他的诗词、绘画和书法都达到极高的水平，但他为人耿直，为官清廉，所以一直都过着比较清贫的生活。

有一天晚上，当他睡到半夜时分的时候，突然听到屋顶有声响，根据他的经验，他猜测应该是一个小偷光临了他的寒舍。

不过，他却没有大喊大叫，而只是在床上翻了一个身，假装仍在睡觉，并迷迷糊糊地吟起了一首诗来：

“细雨蒙蒙夜沉沉，梁上君子进我门。腹中诗画有万卷，床头金银无半文。”

当那个潜伏在屋顶的小偷准备跳入屋里来偷窃的时候，他突然听到主人睡梦中的话，一开始他还没有放在心上，后来一想，发现这是主人在警告他啊。于是，他潜伏在梁上，大气都不敢出一口，心里又在恼怒，想着今天晚上可能又要白忙活一场了。

于是，他转了个身，打算偷偷溜出去。正当这个当口，郑板桥又吟起诗句：

“出门休惊黄尾犬，越墙莫损兰花盆。天寒不及披衣送，趁着月色赶豪门。”

小偷听到郑板桥的这首诗，更是很快地溜了出来，当他逃走的时候，正要过门，忽然想起主人说门口有一只狗，就吓得赶紧止步，他向四周望了望，发现只能从围墙上翻出去，果然看到了一盆兰花。这个小偷心里就更惊讶了，莫非这个主人是疯了，发现了小偷，不仅没有吆喝追赶，还到处提醒他要小心警觉，不要被邻居发现了。

殊不知，其实郑板桥自己心里也非常害怕，他不过是一介文弱书生，也害怕小偷会狗急跳墙。但是，他是强压恐惧，故作镇定地用一种巧妙的方式提醒小偷，并表明自己囊中羞涩的窘境，还处处提醒他，从而让小偷在不知不觉中按他的指令去行动。

权奇卷

第八

原文

假神鬼以立威，而人莫辨真伪。伪称天命，其徒必广。将计就计，就势骑驴，诡之异之，以伏其心。此消彼涨，此涨彼消，其理一也，不诡于敌而诡于己，己之气盛，敌气必衰。(《权谋残卷》)

译文

借助鬼神来树立自己的威信，人们就没有办法辨别真假了。借助天命，追随你的人就一定很多。这边的减少那边的就会增多，这边的增多那边的就会减少，道理是一样的。不这样对待敌人，而对自己人使诈，自己人士气高涨，敌人的士气必然就会衰落。

解读

由于古代科学不发达，假借鬼神而树威的事儿可以说很多，因为鬼神谁也没见过，所以就没有对证，谁也没法反驳。最有名的就是每个开国皇帝都有段神奇的出生经历，这就是借神来强化皇权。

案例

刘邦出生的传说

在古代，由于科学技术不太发达，一般都喜欢借助神话故事来给自己增加神秘色彩，树立自己的权威。

据说在丰县城南有一户人家姓刘，夫妻两个人以种田为生，那户人家的妻子长得很漂亮，远近都有名。

有一天，她去田里干活，突然，天空中乌云密布、雷电交加，不一会工夫就下起了倾盆大雨。刘氏赶紧跑到一座桥的下面躲雨。谁料到，桥下居然藏着一条一丈多长的巨蟒，只见它张牙舞爪、吞云吐雾，刘氏哪里见过这种阵势，立刻吓得晕了过去。当她醒来，发现那条蛇早就不见了，于是立刻赶回家去。过了一段时间，她发现自己居然怀孕了，可是时间渐渐过去了，一年之后，那个孩子还是没有要生出来的迹象。

有一天，门外来了一个仙风道骨的道士，只见他鹤发童颜，手里拿着一个拂尘，嘴里还念念有词。刘邦的父亲看到了，就把他请了进来，请他帮忙看看为什么夫人腹中的孩子一直没有生下来。

只见这个道人看了看，说："尊夫人腹中怀有的是龙子，必须吃了凤凰山上的土，龙子才会生下来。"说完，他轻轻一摆拂尘，就飘然而去了。

刘邦的父亲心想，这有何难，离家五里之外的地方确实有一大堆土，也不知道是什么时候堆在那里的，就叫作凤凰山，我马上就去取一点来。

殊不知，刘氏肚子里的龙子的九五至尊之气已经直冲上天了，那天晚上，当朝的一个军师夜观天象，发现了正南方正有帝王之气与月光争辉，大叫一声不好，就立刻派人把刘邦的家乡连同凤凰山围得水泄不通。

这个时候，刘邦的父亲心生一计，就挑着一担西瓜前往凤凰山。当时正是酷暑，那些官兵们看到了西瓜，就一哄而上把西瓜抢了过来吃，吃完后就直接把皮扔在了凤凰山上。于是，刘邦的父亲就把西瓜皮捡了回来，然后把皮上的土刮了下来煮给夫人喝，夫人喝了之后，就生下了刘邦。

这个时候，军师又掐指一算，发现龙子已经降生了，于是又下了一道命令，凡是新生的婴儿一律斩杀。于是，刘邦的母亲带着他向东逃跑，走了不久后，就发现官兵追上来了，她发现旁边刚好有一座破庙，就立刻跑进去躲藏，这时，庙门上又突然出现了很多蜘蛛，吐丝把门给网上了，官兵们见门上有很多蜘蛛，料想应该没有人进去过，于是就到别处搜查了，就这样，刘邦才又躲过一劫。

刘邦的出生富有很强的神话色彩，这无疑中给他增添了不少的威信。

原文

夫事有顺之而失义，有爱之而为害，有恶于己而为美，有利于身而损于国者。何以言之？刘梁曰：“昔楚灵王骄淫暴虐无度，芊尹申亥从王之欲以殡于乾溪，殉之以二女。此顺之而失义者也。鄢陵之役，晋楚对战，谷阳献酒，子反以毙，此爱之而害者也。”臧武仲曰：“孟孙之恶我，药石也；季孙之爱我，美疢也。疢毒滋厚，药石犹生我。”此恶之而为美者也。（《反经》）

译文

事情有顺着行事却不合道义的，有本为爱他却反害了他的，有讨厌自己却是于自己有好处的，有利于自己却有损于国家的。为什么这样说呢？刘梁说：“过去楚灵王骄奢淫逸，暴虐无度，芊尹申亥按照灵王的意愿，把他埋葬在乾溪（今安徽亳州），并用两个女子殉葬。这是顺着行事反而违背道义的。鄢陵之战，晋楚两国交兵，楚国统帅子反的仆人谷阳竖给子反敬酒，子反醉，楚军大败，楚王逼令子反自杀，这就是因为爱他，反而害了他。”臧武仲说：“孟孙讨厌我，那是良药和针石啊。季孙喜欢我，那是美丽的病毒啊。病毒再厉害，良药和针石还能把我救活。”这就是厌恶他却对他反而有益的道理。

解读

我们平时认为的爱怎么能是错的呢？可就是因为爱害了别人。所以在对付敌人时，爱也是一种手段呀。

案例

口腹蜜剑

看起来好的东西不一定就是真得好，也有可能是毒药。所以，在对付敌人时，可以用一种伪装的手段来攻击敌人。

战国时期，秦国为了扩张自己的土地，想要把地势险峻的黄河崤山一带据为己有。当时，那一带是属于魏国的疆土。于是，秦国国君派出将领公孙鞅出兵攻打魏国。

黄河崤山一带是魏国有名的将领吴起苦心经营起来的地盘，地形十分险峻，易守难攻，要是直接正面进攻的话，肯定是攻不下来的。于是，公孙鞅一连几天都皱着眉头，思考一个攻城的好办法。

有一天，他打听到一个消息，魏国的守将正是和自己以前认识的公子卬，于是，他心里十分开心，立刻就提起笔写了一封信，在信中主动和公子卬套近乎，说虽然我们两个现在不是侍奉同一个主子，但我们毕竟还是有过去的交情在，所以，我觉得我们两个国家还是可以考虑都把军队撤出去，定下合约结为盟国。信中对他们两个过去交情的重视，溢于言表。他还在信中建议说双方约定好一个时间来会谈。当信送出去以后，公孙鞅主动做出一副撤兵的姿态，让秦军的前锋撤了回来。

公子卬看了公孙鞅的信，心中十分感动，又看到秦国的军队已经撤退了，于是信以为真，立刻就回信和他约定会谈的时间。

公孙鞅见公子卬中了自己的圈套，表面上仍做出一副要会谈的样子，暗地里却在会谈的地点布置了埋伏。到了会谈那天，公子卬带了300多个随从来到了会谈的地点，而公孙鞅却只带了几十个随从，而且他们身上都没有带兵器。公子卬见状，就更加相信公孙鞅的诚意。于是，两人十分亲热地重叙旧情，还各自代表各自的国家表达了交好的愿望。会谈过后，公孙鞅命人摆上了丰盛的美食来款待公子行。

当公子卬十分开心地准备就座时，突然，一声号令，埋伏在四周的士兵冲了出来，把公子卬和他的300多个随从都包围了起来。被突如其来的情况弄蒙了的公子卬和他的随从们只好乖乖就范。于是，公孙鞅利用被俘的随从，骗开城门，迅速占领了魏城。魏国没有办法，只好割出西河一带给秦国。

秦国的公孙鞅就是利用过去的交情来蒙蔽公子卬，让他中了他的圈套，从而轻易就把魏国西河一带的土地据为己有。

原文

韩子曰:“谓敌人行私，谓之不弃；以公财分施，谓之仁人；轻禄重身，谓之君子；枉法曲亲，谓之有行；弃官宠交，谓之有侠；离俗遁世，谓之高悫；交争逆令，谓之刚材；行惠取众，谓之得人。不弃者，吏有奸也；仁人者，公财损也；君子者，人难使也；有行者，法制毁也；有侠者，官职旷也；高悫者，人不事也；刚材者，令不行也；得人者，君上孤也。此八者，匹夫之私誉，而人主之大败也。”由是观之，夫俗之奸恶与事相诡，唯明者能察之。(《反经》)

译文

韩非子说:“为老朋友循私舞弊的，称之为不抛弃朋友；把公家财产分给别人的，称之为有爱心；看不起官职俸禄而看重自己生命的，称之为君子；不顾法律规定而庇护亲人的，称之为有品德；抛弃职务包庇朋友的，称之为有侠肝义胆；避世隐居的，称之为诚谨；互相争斗、违抗命令的，称之为刚烈；施些小恩小惠以收买人心的，称之为得人。所谓不抛弃老朋友的官吏，一定有奸私；所谓爱人的，公家的财物却受到了损失；所谓的君子，国家难以使令他；所谓的有品德，法制就会被毁掉；所谓的有侠肝义胆，就会使官位出现空缺；所谓的诚谨，就是使人别干事；所谓的刚烈，就会使上级的命令没人执行；所谓得人，就会使君主处于孤立的地位。这八种称誉实际上是老百姓的私誉，是对君主利益的极大破坏。”由此看来，世俗的好恶往往与事理相反，只有明智的人才能看清楚这一点。

解读

韩非子是诸子百家中分析问题最深刻的一个人，他看到世俗的好恶往往与事理相反，所以在使用权谋时，可以把世俗和事理相对来考虑问题，也就是我们常说的逆向思维。

案例

绝地逃亡

在处理问题的时候，有的时候正面的思维不一定能够取得良好的效果，换一种思维方式，反而会有不同的办法。

东汉桓帝末年，一个秋天的时候，洛阳城内阳光普照，在城东南角的路上，一支队伍吹吹打打、十分热闹地走过来，原来这是一支迎亲的队伍。在迎亲队伍后面一前一后鬼鬼祟祟地跟着两个年轻人，原来这两个人就是鼎鼎大名的曹操和袁绍。当时他们两个还比较年轻，是玩得很好的朋友，整天凑在一起做一些偷鸡摸狗的勾当。

这一天，曹操又和袁绍混在一起吃喝玩乐，他们玩也玩够了，吃也吃够了，正闲得无聊，于是来到大街上瞎晃悠。忽然看到有一家迎亲的，这家的新娘长得又非常漂亮。两个人眼珠子一转，决心要玩一个抢亲的游戏，就约定说，我们两个把新娘子抢出来，看能不能成功。两个人说定了之后，就去看那户人家的地形，找好地方藏了起来，等到天黑以后再行动。

天很快就黑了下来，于是，两个人就跑了出来，来到了主人家的墙外边。两个人一合计，先来一个调虎离山之计，就在门口大喊一声，不好了，有贼。于是，这户人家的人听到这声喊声，都跑出来抓贼。曹操见院子里一个人都没有，就拿着刀进到洞房去，直接把新娘子给劫了出来。两个人一看计谋得逞，就立刻背着新娘逃跑。

可是，两个人对那里的路本来就不是非常熟悉，加上心虚，只是胡乱地转圈圈。很快，那户人家就发现新娘不见了，就立刻派人出来追。曹操他们忙着逃跑，根本没看清路，情急之下，就走迷路了。更不幸的是，袁绍一不小心之下，还掉进了路旁的荆棘之中，秋天的荆棘倒刺非常尖锐，一下就把袁绍钩得严严实实，袁绍本来就胖，这下就更加动不了了。于是，袁绍只好向曹操求救。

曹操在前面跑着，又背着新娘，回头一看袁绍动不了了，再一看，后面的人就快追上来了。于是，曹操心生一计，立刻把新娘放了下来，然后对着后面的追兵大喊："快来快来，贼就在这里呢！"

袁绍听到后，心里一惊："这小子居然这样耍我，还是兄弟吗？"只见袁绍大吼一声，闭着眼睛就从荆棘中跳了出来，倒钩把他身上的衣服都钩破了。曹操见状，也不多说，抓住袁绍就跑了。终于，借着夜色，两个人成功脱身了。

在这么紧急的情况下，如果曹操伸手去帮助袁绍脱身还不一定有效，他采用这个方法让袁绍置之死地而后生，才让他迸发出无限的潜能逃脱了出来。

原文

古人有言曰:“得鸟者，罗之一目。然张一目之罗，终不能得鸟矣。鸟之所以能远飞者，六翮之力也，然无众毛之功，则飞不能远矣。”以是推之，无用之为用也大矣。故惠子谓庄子曰:“子言无用矣。”庄子曰:“知无用而始可与言用矣。夫天地非不广且大也，人之所用，容足耳。然则削足而垫之至黄泉，人尚有用乎? ”惠子曰:“无用。”庄子曰:“然则无用之为用也，亦明矣。”(《反经》)

译文

古人这样说过：捕获鸟的，只是罗网上的一个网眼，然而只张一个眼的网，是永远捕不到鸟的。鸟所以飞得远，是靠健羽，然而如果只有健羽而无其他的毛，是飞不远的。以此推论，看似无用的东西，却是有很大作用的。所以当惠子对庄子说:“你的学问都是无用的空话”时，庄子说:“明白无用的道理，才能跟他谈论有用无用的问题。天地不是不广大辽阔，可是人们占用其间的面积，不过能容下双脚就可以了。然而假如从脚下把看似无用的土都铲削掉，直到阴曹地府，那仅可容下双脚的地面还有用吗? ”惠子说:“没用了。”庄子说:“那么，由此可见无用就是有用。这个道理不是很明白吗? ”

解读

有用与无用本来是对立统一、相辅相成的关系，没有无用也就无所谓有用。例如，切割东西的是刀刃，刀背似乎无用，但是没有刀背，又哪里有刀刃？种庄稼必须留下足够的空隙，空隙不打粮，看似无用，但没有空隙也就不会长出庄稼来。所以世界上本没有绝对无用的东西，只看你如何运用它们罢了。

案例

深山藏古寺

有无相生，两者原本就是相辅相成的。所以，无也可以是有，关键在于你如何运用它。

在宋朝的时候，宋徽宗赵佶非常喜爱书画。为此，他还创建并主管了世界上最早的皇家画院。尽管他是一个昏君，但确实是一位杰出的画家，他还经常亲自在画院里上课，还建立了考试制度，并亲自出题，亲自改卷，培养了大批的绘画人才，开创了一代画风。有一次，画院招生，他给应试者出了一个题目，画题就叫作“深山藏古寺”：登临古寺前，小草何芊芊。 云雾山间绕，孤峰耸碧天。 野花红烂漫，茫茫树生烟。 日落余晖后，声声响杜鹃。

那一年，有很多考生来应考，宋徽宗亲自改卷。有的考生就照着那句诗，把古寺的全貌都画了出来，古寺的周围都是险峻的山岭，尽管这个考生的画画技术很好，古寺的面貌也被他画得栩栩如生 ，但宋徽宗还是给了他一个很低的分数，因为这幅画显得太直白、太露了，根本没有体现“藏”的深意。有一些考生呢，别具一心，画了一丛绿树，树丛中露出古寺的一角，而树旁边则是悬崖峭壁，这样的构思虽然更巧妙些，但还是有些太过直白了，只能得个中等分。

当宋徽宗看到一个考生的画卷后，不禁拍手叫绝，连连点头称赞，说：“好，好，这才是‘魁选’之作呀！”。原来，这个考生在“藏”字上做足了文章，他没有画出古寺中的片砖或是片瓦，而只画了一条通往深山老林的幽静弯曲的小石路，路上有一个正吃力挑着水的老和尚。尽管他没有直接把寺庙画出来，但人们却很容易就从幽静的石径和跳水的老和尚中联想到深山中一定藏着古寺。整个画面笔墨不多，但意味却无穷，表达方式含蓄，却避实就虚，尽得风流。

这位考生尽管没有画出寺庙的一片砖瓦，却很容易让人们联想到深山之中必定藏着古寺。所以，在一定条件下，无也可以转化为有。

原文

昔陈平智有余而见疑，周勃质朴，忠而见信。夫仁义不足相怀，则智者以有余见疑，而朴者以不足取信矣。汉征处士樊英、杨厚，朝廷若待神明。至，竟无他异。李固、朱穆以为处士纯盗虚名，无益于用。然而后进希之以成器，世主礼之以得众。原其无用亦所以为用也。而惑者忽不践之地，赊无用之功，至乃诮讪远术，贱斥国华。不亦过乎？（《反经》）

译文

从前陈平由于智谋有余而被刘邦疑忌，可是周勃因质朴却被认为忠诚而受到信任。在仁义不足以使人们互相信任的时候，聪明人因智谋有余而被疑忌，不聪明的人却因智谋不足取得了信任。东汉时，征召隐士樊英、杨厚入朝做官，朝廷盼他俩就像盼神明一样。可是他们到了朝堂上后，并没有什么过人之处。李固、朱穆认为这种隐士纯属欺世盗名之辈，对国家一无用处。然而随后慕名而来的都以他们为榜样，使皇帝招揽了更多的人才。推究起来，无用就是有用。不懂这个道理的人很容易忽视足下的无用之地，看不起无用之物的特殊作用，甚至于嘲笑这一理论是迂腐的空谈，轻视排斥国家的英才。这不是太过分了吗？

解读

有的人名气很大，却没有什么真本事，我们常说他假大空，但这个假大空其实也是有用的，那就是他有人气。人气对于现在来说太重要了，有了人气，还怕钱和权不来吗？

案例

人气的力量

人气旺，自然大家就会围绕在你的身边，人脉一广，各种资源也就会随之而来。

在《水浒传》中，宋江就是一个人气非常足的人，被人称为“及时雨”，就是凭着这个名号，才让他在后面多次得到别人的帮助。

在小说中，宋江不过是郓城县里一个“押司”，所谓押司，就是宋代官吏队伍中的一个吏，连官都称不上。不过，虽然如此，但却丝毫不影响他的人气。他一向喜欢结识江湖上的好汉，只要有人来投奔他，无论高低贵贱，他都会把人家留在家中做客，而且整日陪伴，没有丝毫的不耐烦；如果别人要走的话，他也一定会尽力资助别人；如果有人要向他借钱，他也从来不会推托。且非常乐于助人，经常主动为别人排忧解难，因此，在山东、河北都享有很高的声誉，别人都称他为及时雨，意思为能救万物。

书中还有专门一首《临江仙》词称赞宋江：“起自花村刀笔吏，英灵上应天星。疏财仗义更多能。事亲行孝敬，待士有声名。济弱扶倾心慷慨，高名水月双清。及时甘雨四方称。山东呼保义，豪杰宋公明。”

宋江正是凭借着自己的声望，才能多次化险为夷，并招揽到很多的人才。有一回，他和武松在瑞龙镇分手了，他急着赶路，可是没有走多久，就中了清风寨的埋伏。本来这些土匪是打算把他杀了做醒酒汤的，但当那个大头领燕顺听说他们抓来的人竟然是宋江，就立刻把小喽喽手中的尖刀抢了过来，亲自把绳子割断，还把自己的大袄披在了宋江身上，甚至还强行让宋江坐在了第一把椅子上，并把二把手王英、三把手郑天寿一起叫来，并向他磕头结拜。由此可见，宋江正是凭借着他的声誉，才让他自己化险为夷，并又结识了几个梁山好汉。

后来，宋江上了梁山，也正是凭着他那显赫的名声，才让各路英雄好汉都主动跑到梁山上为梁山出力。

可见，好的人气还是非常有用处的，它能够让你在需要的时候得到大家的帮助，如果别人都愿意帮助你，何愁找不到资源呢？

原文

夫神者，智之渊也，神清则智明。智者，心之符也，智公则心平。今士有神清智明而暗于成败者，非愚也，以声色、货利、怒爱昏其智矣。何以言之？昔孔子摄鲁相，齐景公闻而惧，曰:“孔子为政，鲁必霸。霸则吾地近焉，我之为先并矣。”犁且曰:“去孔子如吹毛耳。君何不延之以重禄，遗哀公以女乐？哀公亲乐之，必怠于政，仲尼必谏。谏不听必轻绝鲁。”于是选定齐国中女子好者八十人，皆衣文绣之衣而舞康乐。遗鲁君，鲁君受齐女乐，怠于事，三日不听政。孔子曰“彼妇之口，可以出走。”遂适卫。此昏于声色者也。(《反经》)

译文

精神是智慧的源泉，精神清爽智慧就会明朗。智慧是心志的标志，智慧公正就表明心志正直。现在却有精神清爽、智慧明朗而偏偏不明白成败道理的人，这不是因为他愚蠢，而是因为音乐、美色、财物、利益、发怒或偏爱把他的智慧弄得昏暗不明了。为什么这样说呢？过去孔子曾代理鲁国的国相，齐景公听到这件事后很害怕，说:“孔子当政，鲁国必然成为霸主。鲁国一成霸主，我国离它最近，必然被它先吞并掉了。”犁且说:“除去孔子就像吹动一根羽毛那么容易。你何不用重金聘请孔子来齐国，送美女和乐舞给鲁哀公。鲁哀公喜欢美女和乐舞，必然荒于国事，荒于国事孔子必定劝谏，哀公不听劝谏，孔子必然离开鲁国。”于是便选齐国八十多名美女，都穿上漂亮的锦绣衣服，并教会她们康乐之舞，然后送给鲁哀公。哀公接受齐国的女乐之后果然荒于国事，三天没有听政。孔子说："有了那些妇人在那里唱歌，我可以离开鲁国了。"于是便前往卫国。这就是被音乐和美色弄昏了智慧的例证。

解读

每个人的智慧其实都差不多，那怎么施展权谋呢？这就要使别人的智慧失去效用，怎么使别人的智慧失去效用呢？美色和财物是最好的糖衣炮弹，历史上这样的例子太多了，虽然人们都知道，但真要用上，恐怕能躲过的却不多。

案例

虞公贪财致灭国

在财物和美色面前能保持理智的人不多，在对付敌人时，往往可以用美人计和物质的诱惑来让对方丧失理智。

春秋时候，晋献公想要拓展本国实力和地盘，就找了一个借口，声称自己的邻居虢国经常会侵犯本国的边境，准备出兵消灭它。可是，要攻打虢国，就必须要经过虞国，因为虞国在晋国和虢国之间。

有一天，晋献公召来大臣们，问："要怎么才能够顺利通过虞国呢？"

大夫荀息立刻站出来说："据臣了解，虞国国君是一个目光短浅、贪得无厌的人，我们只需给他送去价值连城的美玉和良驹，他断然没有不答应的道理。"

晋献公一听居然要送这么珍贵的礼物，心里有点舍不得。荀息从晋献公脸上的表情看出了他的心思，就说："虞虢两国是唇齿相依的近邻，如果我们把虢国消灭了，那么虞国也就不能单独存在了。我们现在把美玉和良驹送给虞国国君，不过是暂时存放在虞公那里罢了。"晋献公听了，觉得十分在理，就采纳了荀息的计策。

当荀息把这两份珍贵的礼物送到虞国时，虞国的国君见到这两份珍贵的礼物时，顿时就心花怒放起来。荀息趁机就向他提出晋国要借道虞国攻打虢国，这个时候，虞国国君哪里还有心思去想其他，当场就满口答应了下来。

当虞国的大夫宫之奇听到这件事情后，立刻就来劝谏虞国国君说：“国君，这件事情是行不通的啊。虞国和虢国是邻国，两者是唇齿相依，相互依靠，有事可以互帮互助。如今，晋国要借道攻打虢国，如果虢国真的被消灭了，那么，我们虞国也就难以保全了。古语有云：‘唇亡齿寒’，如果没有了嘴唇，牙齿也是保不住的啊！所以，国君，您可千万不能答应这件事啊！”

虞公已经被这两件宝贝迷住心窍，不耐烦地说：“人家晋国本来就是强国，现在还肯特意送来美玉和良驹，说是要和咱们做朋友，我们怎么好推辞呢？而且，人家现在也不过只是要借一条路走而已，这有什么不能答应的呢？”

宫之奇见虞公主意已定，只好叹着气走了。他知道虞国灭国就在眼前，就收拾好东西，带着一家老小离开了虞国。

果不其然，当晋国军队借道虞国消灭了虢国后，又把亲自出来迎接晋军的虞公给抓住了。于是，虞国也被消灭了。

虞公正是不能抵制宝物的诱惑，才答应了晋国的要求，结果也把自己的国家给丢了。

原文

燕王曰:“大忠信，又何罪之有也？”对曰:“足下不知也。臣邻家有远为吏者，其妻私人。其夫且归，其妻私者忧之。其妻曰:‘公勿忧也，吾已为药酒待之矣。’后二日，夫至，妻使妾奉卮酒进之。其药酒也，进之则杀主父，言之则逐主母，乃佯僵弃酒，主父大怒而笞之。妾之弃酒，上以活主义，下以存主母，忠至如此，然不免于笞者，此以忠信得罪也。(《反经》)

译文

燕王说:“忠诚守信又有什么过错呢？”苏秦回答说:“你是不明白这个道理的。我有一个在远处做官的邻居，他的妻子有了外遇，在丈夫将要回家时，那个情夫很担忧，而妻子却说:‘用不着担心，我已经准备下药酒等着他了。’过了两天，丈夫回来了，妻子就让侍妾捧着药酒给他喝。侍妾心知这是药酒，给男主人喝下去，就会毒死他；说出真相吧，女主人就会被赶出家门，于是假装跌倒，把药酒全洒了。男主人大怒，用皮鞭狠狠抽打侍妾。侍妾洒掉药酒，对上是为保护男主人的生命，对下是为了保护女主人的地位。这样的忠心耿耿，仍不免于被主人鞭打。这就是忠诚过度的不幸啊！

解读

忠诚是好的品质，但不能过度，否则两边都不讨好。当然在我们的日常生活或工作中，如果遇到两难的情况，就应当弃小信而守大义，而不该弃大义而守小信。也不要幻想有什么两全之计，因为鱼与熊掌往往不能兼得。

案例

“出尔反尔”的解扬

要成就一番大事业，不能过于固执不知变通，而应该弃小善而从大善，弃小信而守大义。叶公曾经对孔子说：“我们乡里有一个人，非常坦白直率，他的父亲偷了羊，他竟然大义灭亲，主动去告发了自己的父亲。”孔子则回答说：“我们乡里的直率坦白可和你们乡里的不一样啊，经常是父亲为儿子隐瞒，儿子为父亲遮掩，遮掩才是真正的直率啊。”

有一次，楚国要出兵攻打宋国，宋国只好向晋国求救。于是，晋国的国君让解扬出使宋国，让宋国坚持住，不要向楚国投降，并告诉宋国说：“晋国已经派出了所有的兵力，随后就能赶到。”

接到命令的解扬连夜往宋国赶去。谁知，途中居然被郑国给抓住了，而且还被郑国当作礼物送给了楚国。楚王就细细审问了解扬出使宋国的目的，并用丰厚的财物来收买解扬，让他继续到宋国去，不过要告之宋国相反的话。解扬点头答应了，于是，他就被放了。

当解扬经过几天的赶路，终于来到宋国时，他却依旧把晋国国君的原话传给了宋国，丝毫没有更改。

当楚王听到了这件事情后，非常生气，并扬言要杀了他。于是，他派出使者来质问他说：“既然你当初已经答应了我，却为何要背叛你的诺言，为什么呢？这一次可不是我不讲信用，而是你自己背弃了诺言，所以，我必须要杀了你。”

解扬却毫不畏惧地说：“我听过这么一句话：君王制定并下达正确的命令就是义，而臣子们主动承担并贯彻执行君王的命令是信。我作为一个人的信用，必须以遵守君主的义为前提的，只有这样行事才能对自己的国家有利。”解扬这番话的意思非常明显了，自己作为臣子，一切的行为都不能损害国家的利益，而必须时时刻刻捍卫自己国家的利益，这是作为臣子的本分。君主发布命令，必须一致，不能前后矛盾；而臣子也同样不能执行两种互相矛盾的命令。你既然会用财物来收买我，就说明你根本不懂这个道理。我既然已经在执行我的君主的命令出使宋国，那么，只有尽心尽力完成好这个使命，岂会被财富给收买了呢？我之前之所以答应你，不过是为了逃出来完成我们君主的命令罢了。既然我的任务已经完成了，那么我也算死得其所了，还有什么可求的呢?

楚王听了解扬的这一番话，非常佩服，就放走了他。

解扬没有为了遵守他和楚王之间的小信而背弃忠于君主和国家的大信，所以才成功完成了任务，又打动了楚王。

原文

魏将王昶、陈泰兵败，大将军以为己过。习凿齿论曰：“司马大将军引二败以为己过，过销而业昌，可谓智矣。”夫忘其败而下思其报，虽欲勿康，其可得乎？若乃讳败推过，归咎万物，上下离心，贤愚数体，是楚再败而晋再克，谬之甚矣。夫人君苟统斯理，行虽失而名扬，兵虽挫而战胜，百败犹可，况再败乎！此固败以成功者也。故知智者之举事也，因祸为福，转败为功，自古然矣。（《反经》）

译文

三国时曹魏的将军王昶、陈泰先后打了败仗，大将军司马懿却把责任自己承担起来。习凿齿在《汉晋春秋》上说：“司马大将军把两次失败的责任都自己承担起来，实际上不仅消除了过错，而且使功业更加昌盛起来，这可以说是明智的人了。人民不计较他的失败却想为他效力，即使并未想什么事业昌盛，又怎么能昌盛不起来呢？假如他们讳言失败，推托责任，找借口把错误归咎于种种因素上，就会使上下离心离德，统治者和被统治者的关系解体，走向对立，这样就会使魏国再次失败，再次被敌人打垮，那样的话，错误就更大了。假如国君能够明白这个道理，即使行动失败了，但美名却可扬遍天下，军事上虽受了挫折，但战略上却取得了胜利，即使打了多次败仗也关系不大，何况只打了两次败仗呢？这就是由于失败反而成功的道理。由此可知明智的人办事，往往因祸而得福，转败而为胜，这是自古以来就有的道理啊。

解读

对于属下的失败，有时不要马上惩罚，要给他们一些改过的机会，这样他们会知耻而后勇，以后就有取胜的可能。

案例

楚梁种瓜

对于别人的错误，不要一味地苛责，有的时候，给别人一个改正的机会，别人反而会知耻而后勇，认真改正自己的错误。

战国时期，梁国有一位大夫叫宋就，他曾经在一个边境县做过县令。这个县和楚国交界，两国都在边界设了边亭，而两国边亭的人员也都各自开辟了一块地种瓜。梁国人十分勤劳，经常会给瓜田浇水灌溉，所以，他们种的瓜长势很好。而楚国人则比较懒惰，很少到瓜田里给瓜浇水，所以，他们种的瓜长得并不好。

楚国人看到梁国长势良好的瓜，非常嫉妒，就趁着夜色跑到梁国人的瓜田里去践踏和扯断他们的瓜藤。梁国人发现了之后，非常得生气，就跑到县令宋就那里去告状，并表示为了报仇，他们也打算夜里去破坏楚国人的瓜藤。宋就听了之后直摇头说："怎么能这样做呢？和人结怨是找来祸患的途径。人家对我们不好，我们也对别人不好，这样太狭隘了。你们啊，只要每天晚上派人去暗中帮助他们浇水灌溉，注意隐蔽，不要让他们知道，这样的话，你们之间的矛盾就可以化解了。"

梁国人听了，尽管并不明白宋就为什么叫他们这样做，但还是非常相信他，就按照他说的去做了。

第二天，当楚国人来到瓜田一看，发现自己的瓜田都已经浇过水了，心里非常疑惑，但却又不明白为什么。就这样，一天天过去了，楚国人的瓜田在梁国人的帮助下，长势一天天好了起来。楚国人就更加感到奇怪了，于是便在暗中偷偷观察了起来，后来，终于发现是梁国人在偷偷地帮助他们浇水灌溉，就大为感动，立刻把这件事情报告给了楚王。

楚王听到这件事情后，感到非常的羞愧，就让人带着丰厚的礼物来到梁国边亭那，向那里的人致歉，并主动要求两国结为盟国。再后来，楚王也多次称赞梁王非常的信守信义。因此，梁楚两国的友好关系，始于梁国人主动宽容楚国人，并主动帮助他们灌溉瓜田这件事。

因此，对待别人的错误，一味地指责不是一个好办法，若能对别人宽容，反而会让别人自感羞愧而主动加以改正。

原文

夫欲行一事，辄以他事掩之，不使疑生，不使衅兴。此即明修栈道，暗渡陈仓。(《权谋残卷》)

译文

要想做一件事情，要借口其他事情来遮掩，不要让别人有所怀疑，不要使别人对你要进行的事情产生阻力。这就是明修栈道，暗渡陈仓。

解读

对于权谋来说，最怕的就是被别人发现，这就要用到瞒天过海的计策，即如何用一些其他的事情来隐藏你的真实用意，用假来隐真，这样自然能使权谋更好地发挥其作用。

案例

班超智取莎车国

在对付敌人的时候，一定要避免敌人发现你的用意，这个时候，往往可以用障眼法或者是声东击西等策略来蒙蔽对方，只有这样才能让策略发挥最大效应。

东汉时期，为了把西域各国团结起来，共同抗击匈奴，班超出使西域。要让西域各国联合起来，一起对抗匈奴，就必须打通南北通道。但是，位于大漠西边的莎车国，却居心不轨，经常会煽动周边的小国反对汉朝，归附匈奴。于是，班超决定先平定莎车国。

当班超带着军队杀进莎车国时，莎车国的国君立刻向龟兹寻求帮助。龟兹国王立刻就亲自带领了五万人马来帮助莎车国。而班超的人马加上于阗等国的人马，也不过只有二万五千人，两方实力悬殊，敌众我寡，难以强攻，只能智取。

思索了几日，班超终于决定采用声东击西的办法来迷惑敌人，然后趁机一举拿下莎车国。他先让人故意在军中散播对班超不满的言论，营造一种军队不团结，打不过龟兹，并且准备撤退的假象，还故意让莎车国的俘虏听得清清楚楚。第二天傍晚，他又让于阗的军队往东边撤退，而班超自己则带着部队往西边撤退，而且还让士兵们显得非常慌张的样子，在匆忙中故意让俘虏们逃跑。

当俘虏们逃回莎车军营中时，立刻就把汉军匆匆忙忙撤退的消息报告了上来。龟兹王听到这个消息后，大喜，以为班超是因为害怕自己的实力才慌忙逃走的。于是，他想借着这个机会，把班超赶尽杀绝。于是，他立刻下令兵分两路，两边夹击逃敌。他自己还亲自带着一万的精兵一路向西追赶班超的军队。

班超胸有成竹，只让军队趁着夜色撤退了十里地，就让他们原地隐蔽了起来。龟兹王认为胜券在握，就率领部队从班超隐蔽的地方飞驰而过，根本没有发现他们埋伏在原地。等龟兹王的军队一过，班超又立刻让军队集合起来，并和东边折回的于阗人马一起杀到了莎车国。班超的军队从天而降，让莎车国的军队猝不及防，很快就被攻了下来。而莎车王惊魂未定，根本来不及逃走，只好请求投降。气势汹汹的龟兹王追了一夜都没有见到班超的军队，当得知莎车国被平定的消息，且人马伤残严重，知道大势已去，只好带着自己的军队懊恼地返回龟兹。

班超正是采用了声东击西的办法，让敌人误以为班超要撤退了，才有机会把敌人的兵力分散开来，并一举把莎车国消灭。

原文

魏太祖伐关中贼，每一部到，太祖辄喜。贼破之后，诸将问其故。太祖曰:“关中道远，若各依险阻片之，不一二年不可定也。皆来集，众虽多，莫能相服，军无适主，一举可灭，为攻差易，我是以喜。”语曰：连鸡不俱栖，可离而解。曹公得之矣。(《反经》)

译文

魏太祖曹操讨伐关中贼寇，每当一个地方的贼寇出来，太祖就非常高兴。贼寇被消灭之后，各路将领问太祖高兴的原因，太祖说:“关中道路遥远，如果贼寇据守险要地形抵抗，要讨伐它，不用一二年时间是不能平定的。现在他们自动聚集前来，人虽多，但彼此不服气，使各部没有统一的指挥，这样就可以一举消灭，比攻打羌人容易得多，我因此高兴。”谚语说：如果用绳子绑在一起的鸡不能一起上架栖息，那就可以分开它们，逐个瓦解。曹操是深得此中道理的。

解读

对付多个人的时候，要善于利用他们之间的矛盾，使之相互牵制，并逐个瓦解他们。千万不可让他们团结起来，否则只有自己失败。

案例

荀彧的连环计

当面对多个敌人时，要尽量避免敌人团结一心，应该充分利用他们之间的争执，让他们互相防备，相互牵制，再各个击破。

三国时期，曹操的一个谋臣荀彧根据刘备、袁术的个性，给他们设了一个圈套，成功让他们互相残杀。

大家都知道，刘备是一个非常忠厚老实的人，而吕布则少谋多疑，袁术实力最强，喜欢逞强好胜。

根据计谋，曹操一边让人到袁术那里散播谣言，说刘备准备出兵去攻打袁术，而一面又让使者打着皇帝的名义让刘备去攻打袁术。

当刘备接到圣旨后，立刻就把谋士们聚在一起商议策略。糜竺立刻就说："这肯定是曹贼的奸计。"

刘备说："虽是奸计，但圣命难违，我们也不能不出兵啊。"于是，他留下张飞守城，带着三万大军往南阳方向出发了。

再说袁术，听说军中有传言说刘备已经向皇帝请示了，说准备出兵攻打自己，意欲吞并他的地盘。当他听到这个消息后，非常生气，说："我还正想要讨伐你呢，你却反过来想要吞并我，实在是太可恨了！"

于是，他便命令大将纪灵带着十万人马往徐州方向杀去。很快，两军就在盱眙碰上了。敌人碰面，分外眼红。只见刘备带的兵力虽少，但却依山傍水，占据有利地形。于是，纪灵立刻持着一把有五十多斤的三尖刀，跑到列队前面，大声骂道："刘备匹夫，你为什么要侵犯我的地盘？"

刘备听了，心下十分惊讶，答道："我不过是奉天子的命令，来讨伐逆臣。现在你居然敢前来反抗，罪不容诛！"

纪灵听了刘备的话，非常愤怒，立刻拍马而起，持着尖刀直向刘备而来。在一旁的关公大喝一声："大胆匹夫，休得无礼！"于是，也立刻出马和纪灵大战。两人大战了三十几个回合，还是分不出胜负。于是，纪灵只好喊停，关羽也拍马回到列队中去。

这个时候，纪灵又派出他的副将荀正出马。关羽毫不示弱，说："只管把他叫来，我要和他一决雌雄！"

谁知一个回合不到，荀正就被关羽砍下了马。于是，刘备趁机命令军队攻打纪灵的军队，纪灵大败，退守淮阴河口，一直不敢出兵，只是让一些将士来偷营劫寨，却都被刘备的军队杀了。两边的军队就这样一直僵持着，不相上下。

荀彧正是根据他们的个性不同，设计了一个有效的计谋，才让他们互相残杀，消耗彼此的力量，避免团结一致，共同对抗曹操，也让曹操能够成为三足鼎立中的一足。

原文

语曰:“以权利合者，权利尽而交疏。”又曰:“以色事人者，色衰而爱绝。”此言财色不可必也。墨子曰:“虽有慈父，不爱无益之子。”黄石公曰:“王不可以无德，无德则臣民叛。”此言臣子不可必也。《诗》云:“自求伊佑。”有旨哉! 有旨哉! (《反经》)

译文

有这样一句古话说:“因为权势和利益的需要而结合的，一旦失去了权势和利益，交情随之疏远；靠美丽的容貌侍奉别人的，一旦容貌衰退，宠爱随之断绝。这就是说钱财和美色由于没定准而不可依赖。墨子说:“尽管父亲很慈爱，但他绝不会疼爱没用的儿子。”黄石公说:“国王不能没有仁德，没有仁德，臣民就会叛离。”这是说臣下和子女不可依赖。《诗经》上说:“求自己保佑自己吧!”真值得品味啊!

解读

钱财和美色是搞权谋必备的选项，但是这些都是靠不住的，真正可靠的也许就是自己，所以一定要考虑好自己的安危，然后调动各方力量，而且不要轻信各方力量，哪怕是父兄妻儿。

案例

魏美人失宠

在和敌人较量时，千万不要轻信别人的话，一定要相信自己的判断。

战国时期，楚怀王非常宠爱一个叫郑袖的妃子。郑袖不仅容貌艳丽、性格聪慧，但也非常狡猾易妒，心肠也十分歹毒，心计极深，深得楚怀王的喜爱。她先后为楚怀王生下了两个儿子和一个女儿。

有一天，魏王送给了楚怀王一名美女。楚怀王一看，心里十分喜欢，就非常宠幸她，还把她封为魏美人。而郑袖因为这位魏美人而失宠了，心里十分嫉妒。于是，她想了一个非常狠毒的计谋来陷害魏美人。

她首先是故意亲近魏美人，经常和她手拉着手一起去逛街、买东西，还时不时送给她一些香水，借给她香薰灯。比如，郑国送来了香云纱，陈国送来了奈良绸，齐国送来了翡翠簪，郑袖总是挑最好的送给魏美人。而在楚怀王那里，郑袖也总是一味地说魏美人的好话。因此，楚怀王对郑袖非常满意，觉得她非常的贤良淑德，就把她树为后宫楷模。而在魏美人那里，她只是傻傻的以为郑袖是真心对她好，还把她视为闺中好友，经常在楚怀王面前说她的好话。

两个人靠得近了，郑袖就愈发能够看到楚怀王对魏美人是有多么的好了。每当她看到这些的时候，心里都非常生气。

有一天，郑袖又和魏美人在一起聊天，郑袖看着魏美人，假装无意地说，“妹妹，你长得真漂亮，难怪大王喜欢你了。不过唯一遗憾的就是你的鼻子，实在是太叫人惋惜了。”

魏美人听了，连忙用手去摸摸自己的鼻子。

郑袖见状，接着说：“妹妹啊，我帮你想个办法把。你呀，以后只要再看到大王，就用东西遮住你的鼻子，这样大王看不到的话，会更喜欢你的。”

魏美人听了，信以为真，心里还十分感激郑袖的指教。哪知，这竟然是郑袖的诡计。

从此以后，魏美人每次看到楚怀王，总是会用东西遮住鼻子。时间一长，楚怀王对魏美人的这个做法感到非常奇怪。几次欲问郑袖都欲言又止，这越发勾起了楚怀王的好奇心。最后，郑袖才故意遮遮掩掩地说：“大王，我说了您不要生气，是魏美人她太不识抬举了，大王您如此宠爱她，她竟然还说您身上有股臭味，她不喜欢闻。”

楚怀王听了，立刻火冒三丈，让人把魏美人的鼻子给割了。从此以后，楚怀王专宠郑袖。

魏美人正是因为没有自己的判断，才会轻信郑袖的谎言，结果上了她的当而失宠。

机变卷

第九

原文

身之存亡，系于一旦；国之安危，决于一夕。唯智者见微知著，临机而断。因势而起，待机而变。机不由我而变在我。故智无常局，唯在一心而已。(《权谋残卷》)

译文

一个人的生死存亡可能取决于某一天的抉择，而国家的安危也可能决定于某一天颁布的政策。唯独只有智者才能够见微知著，临机而断。倚仗形势而兴起，等待时机而行动。时机不由我决定但是怎么样运用时机却在于我。所以智谋没有固定的模式，只不过在于心中灵活地运用罢了。

解读

事情总是处于变化之中，所以权谋也是要随着事物的发展而不断变化，这就要随时关注事态的发展，选准合适的时机，应用不同的计谋，这样才能时时处于不败之地。

案例

曹操刺杀董卓

事情总是在不断发展变化的，我们要掌握事情变化的情况，根据不同的阶段，采取不同的策略，只有这样才能处于不败之地。

三国时期，董卓专政，朝廷上下对他都是敢怒不敢言，而只能在私下里密谋如何除掉他。

有一天，司徒王允假借庆生为名，邀群臣到他家中去赴宴，共同商讨计策。当司徒王允说起董卓专政时，不禁悲伤地哭了起来，众官也都相对而哭。只有骁骑校尉曹操大笑说："你们天天这样哭，有用吗？能哭死董卓吗？"

王允听了，十分生气，说："难道你有什么办法？"

曹操大声说："我最近一直在迎合董卓，为的就是找到机会来铲除他。听人说司徒您有一口七宝刀，是否愿意借给我前去相府行刺董卓？这样的话，即使死了，我也没有什么遗憾了。"

王允听了，立刻就把宝刀取来交给了曹操。

第二天，曹操带着宝刀来到了相府。只见董卓正坐在床上，吕布立在一旁。曹操便问他为何这么晚才来，曹操说是自己骑的马太瘦弱了，所以行动比较迟缓。

董卓听了，立刻就让吕布去牵一匹新到的西凉好马送给曹操。于是，吕布转身就出去了。曹操一看，时机到了，就想动手，但又担心董卓的力气太大了，自己不是他的对手。正当他在犹豫的时候，董卓因为太胖了，久坐着会不舒服，就侧卧在床上，背对着曹操。

曹操见状，就立刻拔出宝刀准备刺杀董卓。谁料到，董卓从镜子里看到曹操在自己背后拔刀，厉声问道："曹操，你在干什么？"

而恰好这个时候，吕布又把马牵到了阁外。曹操心里不禁十分着急，不过，他灵机一动，立刻跪了下来，并假装镇定地用双手举着刀对他说："今天我刚刚得到了一把宝刀，特意来献给恩相的。"

董卓接过来一看，果然是一把宝刀，便递给吕布叫他收起来。然后，董卓就带着曹操走出去看马。曹操立刻就趁机说要试一试马，董卓不知是计，就答应了。曹操牵着马走出了相府，立刻就快马加鞭往东南方向跑了。

吕布看曹操已经走远，就说："看曹操刚才的动作，好像是准备行刺您，等到他被发现的时候，才假装是进献宝刀。"

董卓听了，更觉得曹操形迹可疑。刚好这个时候，李儒过来了，他听了后，就说："这有何难，曹操现在一个人在京城居住，只要现在派人叫他过来，如果他毫不犹疑地来了，就说明没有问题；如果他推托不来，就说明是想要行刺，就可以抓起来严加拷问。"

董卓依计派人去请曹操，哪知曹操根本没回住的地方，而是一路向东逃走了。

在刺杀董卓的过程中，曹操时刻保持灵活机智的头脑，见机行事，使自己得以保全性命。

原文

虞诩荐武都郡，羌率众遮诩于陈仓崤谷，诩令吏士各作两灶，日增倍之，羌不敢逼。或问曰:“孙子减灶而君增之，兵法，日行三十里，以戒不虞。今且行二百里，何也？”诩曰:“虏众既多，吾徐行则易为所及，疾行则彼不测之。且虏见吾灶多，谓郡兵来至。孙子见弱，吾示强，势不同也。”故曰：料敌在心，察机在目，因形而作，胜于众，善之善者矣。此变通之理也。(《反经》)

译文

虞诩被举荐为武都郡守，羌族首领率领着人马在陈仓的崤谷拦截虞诩。虞诩让手下每人各筑两个灶台，一天增加一倍。羌兵看到日渐增多的灶台，不敢向前追赶。有人问虞诩说:“孙膑当年是每天减少灶台，您却每天增加。兵法上说，每天最好行进三十里，以防备不测。您却行进了二百里，这是为什么？”虞诩说:“敌军人数众多，我如行军缓慢，就会被追赶上，而疾速行军，敌军难测我军的行动，况且敌人看到我们的灶台不断增多，以为是郡里的兵马来了。孙膑是故意显示其弱小，我则是显示强大，形势各有不同。”所以说，要用心估量对手，用眼观察关键之所在，然后根据不同的情况制定不同的策略，这样就会避免因追随别人、因循旧例而失败。这就是变通的道理。

解读

“孙膑减灶”的故事在历史上是很有名的，而虞诩却反用其计，因为孙膑是想给敌人弱的形象，而虞诩确是要给敌人强的形象。这正是要根据自己的实际情况，灵活地运用计谋。

案例

张飞设计擒刘岱

在面对敌人时，要根据实际情况，采用示强或者示弱的办法迷惑敌人，从而使自己的计谋生效。

三国时期，曹操派刘岱、王忠两员将领去讨伐刘备。那个时候正是冬天，大雪纷飞。关羽出来和王忠应战，不一会儿，就活捉王忠回来见刘备。

张飞见关羽立了功，心里非常焦急，就对刘备说："等我去把刘岱活捉回来。"

刘备见他焦急，就说："刘岱好歹也是一方诸侯，你可不要小看了他。"

张飞听了，冷笑道："区区小辈，何足挂齿？我一定要活捉了他来。"

刘备故意刺激他说："我担心你啊，太过鲁莽，反而会杀了他。"

张飞非常着急地说："如果我杀了他，就自刎以还他的命。"

刘备听了，才放心地交给他三千兵马让他出兵迎战。张飞立刻就带领军队出发。

这个时候，刘岱看王忠已经被活捉了，就命人紧紧关着寨门，无论如何就是不肯出来迎战。张飞急着立功，见刘岱迟迟不肯出来迎战，就每天在他的寨门前骂爹骂娘。刘岱心知张飞厉害，就更加不敢出来了。张飞骂了几天，看还是没有用，而自己又已经在刘备面前夸下海口，十分着急。忽然，他灵机一动，想出一个办法来了。

他在军中下令说今天晚上二更时分行动，去劫持刘军营寨。白天，他自己却在帐篷里饮酒作乐，故意喝得醉醺醺的，找到一个帐前军士来撒气，还让左右的人把他痛打了一顿，并把他捆了，骂道："看我今晚凯旋出兵的时候，再来用你的脑袋祭拜军旗！"

说完，他就走出去了，却故意让左右的人放他逃跑。那个士兵立刻跑出寨门，越想越气，就直接来到刘岱的军营里，把张飞准备晚上劫持刘家寨的消息告诉给刘岱。刘岱看他被打的皮开肉绽，就信以为真，让全部的将士都在寨外埋伏，准备给张飞来一个"瓮中捉鳖"。

那天晚上，张飞果然带着三路人马包抄刘家寨，但他带的中路却只有三十个人，主要负责闯入刘寨抢先放火，而其他两路的人则埋伏在刘寨背后，以火为信号，负责夹击刘岱的伏兵。到了晚上三更时分，张飞则亲自率领一支精锐部队切了刘岱的后路。等到那三十人抢入刘寨放火时，刘岱的伏兵大叫，都以为是张飞中了埋伏，于是，纷纷杀向寨内。而张飞的两路人马则一齐出动，两边夹击刘岱的伏兵。瞬间，刘军乱作一团。刘岱见状，连忙带着剩下的残兵逃跑，哪知张飞就在路上等着他，于是活捉了刘岱。

刘岱深知张飞厉害而不敢出来迎战。于是张飞就故意设计，假装让刘岱知道自己的计谋，才引出刘岱，并活捉了他。

原文

桓范曰:“夫商鞅申韩之徒，贵尚谲诈，务行苛刻。废礼义之教，任刑名之数，不师古，始败俗伤化。此则伊尹、周公之罪人也。然其尊君卑臣，富国强兵，守法持术，有可取焉。逮至汉兴，有宁成、郅都之辈，仿商、韩之治，专以杀伐残暴为能，顺人主之意，希旨之行，要时趋利，敢行败祸，此又商、韩之罪人也。然其抑强族，抚孤弱，清己禁奸，背私立公，亦有取焉。至于晚代之所谓能者，乃犯公家之法，赴私门之势，废百姓之务，趋人间之事，决烦理务，临时苟辩，使官无谴负之累，不省下人之冤，复是申、韩、宁、郅之罪人也。”(《反经》)

译文

桓范说:“商、申、韩这些人，看重人的狡诈智谋，因而推行法制特别苛刻。废除礼义的教化，用刑名律法统治天下，不师法古人的仁政，致使全国普遍的伤风败俗。因此说，他们是伊尹、周公的罪人。然而他们使人君尊贵，臣子卑下，富国强兵，信守法度，坚持法制，在这些方面还是可取的。到了汉朝，又有宁成、郅都之类的酷吏，效仿商、韩，专门以残暴的杀戮、惩罚为能事，迎合人君的旨意，趋炎附势，争名于朝，争利于市，肆无忌惮地干尽了败坏朝纲、祸害百姓的事情，这又是商、韩的罪人了。然而酷吏在抑制豪强望族，抚慰孤独贫弱，自身清正廉洁，使各级官吏出于畏惧奉公守法、一心为公方面，还是有可取之处的。到了后来世人所谓的能人，就都是一些执法犯法，仰仗权势，不为老百姓办事，只想徇私舞弊，临到处理日常事务的时候，又敷衍了事，玩忽职守，做官不必担心受遣责处罚，根本不体察同情老百姓，这就又是申、韩、宁、郅的罪人了。

解读

法家的残酷性历来就被诟病，但是在抑制豪强望族，使各级官吏出于畏惧奉公守法、一心为公方面却大有益处，所以在不同情况下，要有不同的使用方法。

案例

田忌赛马

在处理事情时，不要固守不知变通，而应该根据不同的情况采取不同的办法。

齐国的将领田忌非常喜欢赛马。有一次，他和齐威王约好了要进行一场赛马比赛。

按照事先的约定，他们各自把马分为上、中、下三等，比赛的时候要按马的等级依次出场。 由于齐威王每个等级的马都比田忌的厉害，所以，尽管比了好几次，但田忌每次都输。

田忌觉得非常受挫，还没等到比赛结束就先离开了。这时，他突然发现自己的好朋友孙膑也在场。孙膑招呼田忌过来，亲热地拍着他的肩膀说："我看齐威王的马也比你的快不了多少呀！"

还不等孙膑说完，田忌就白了他一眼说："原来连你也来挖苦我啊！"

孙膑连忙说："我不是来挖苦你的，我的意思是，你再和国君赛一次，我一定能让你赢了他。"

田忌不解地看着孙膑，说："你是说换一批马来比赛？"

孙膑听了，笑着说："不需要，一匹都不用。"

田忌听了，丝毫不为所动，面无表情地说："那还不是又得输的很难看！"

孙膑信心满满地说："你就按我说的去办吧，一定有效。"

齐威王屡战屡胜，正在自豪地向大家夸赞自己的马匹，见田忌和孙膑迎面走来，便嘲笑道："你怎么又来了？难道你还不服气？"

田忌说："非常不服气，要不，咱们再比一次？"说着，把一大袋银钱都倒在了桌上作为赌注。

齐威王一看，心里不禁偷笑，就命人把之前赢的钱全部抬过来，还另外加了一千两黄金作为赌注。

齐威王轻蔑地说："现在就开始吧！"

锣声一响，比赛就拉开了序幕。

孙膑先让田忌的下等马迎战齐威王的上等马，很快，第一局就输了。

齐威王站起来轻蔑地说道："想不到鼎鼎大名的孙膑先生，居然想得到这样愚笨的办法。"

孙膑并不理会他。第二场比赛，孙膑让田忌的上等马迎战齐威王的中等马，很快就获胜了一局。

齐威王见状，开始有点担心了。

第三局比赛，孙膑又让田忌的中等马对齐威王的下等马。这一局，又是田忌赢了。

比赛的结果是三局两胜，田忌终于赢了齐威王。这一下，轮到齐威王目瞪口呆了。

虽然比赛的马都是一样的，但由于调整了一下比赛出场的顺序，就得到了转败为胜的结果。

原文

昔先王当时而立法度，临务而制事，法宜其时则理，事适其务故有功。今时移而法不变，务易而事以古，是则法与时诡，而事与务易，是以法立而时益乱，务无而事益废。此圣人之理国也，不法古，不修今，当时而立功，在难而能免。(《反经》)

译文

从前先王根据当时的实际情况建立政治制度，根据当时的任务制定政策，制度和政策与当时的实际情况和任务相符合，国家才能治理好，事业才会有成绩。形势和任务变了，制度和政策还要死搬已经过时的那一套，使制度与时代、任务与政策脱节，这样一来，即使有好的制度和法规，也是劳而无功，徒增混乱。所以圣人治国，一不法古，二不贪图一时之宜。因时变法，只求实效。这样，遇到烦难也容易解决。

解读

时代在变，所以治国方针也要变。即使在不同的历史阶段，其治国方略也得适应当时社会发展的变化。权谋也是这样，不可生搬硬套，哪怕反用之也比生搬硬套好些。

案例

刘邦学文

治国方针和政策要随着不同的历史阶段和历史现实来不断调整，只有这样才能适应现实并产生作用。

西汉初期，楚人陆贾一直在刘邦那里做门客，并跟随着他平定天下。他能言善辩，说起话来常旁征博引，信手拈来。刘邦当上皇帝后，他经常在刘邦面前说到《诗经》和《尚书》，并和他讲述商、周的历史。

刘邦就认为陆贾虽然懂得很多，但太过古板，就非常不高兴地对他说："我靠骑马驰骋疆场才让天下统一，读书诵经根本起不了任何作用！"

陆贾回答说："皇上，您是靠着骑马成功打了天下，难道还能靠骑马纵横来管理好天下吗？以前，商汤王和周武王都是非常英明精干的人，但他们却知道，在用武力夺取了王位后，就要息武功，施行文治之道。文武并用，自己的江山才能稳固如山。假设当初秦国在一统天下后，可以主动向以前的贤人学习，大力施行仁政，那么陛下您怎么可能消灭秦国夺取天下呢？"

"原先，周武王推翻商朝后，为了安稳人心，巩固自己的政权，大力施行仁治德政。他让殷纣王的儿子武庚继续为官，封给他土地，并让他来治理都城的商朝遗民，还大赦天下，让天下的囚犯都得到自由。他还关心贫苦百姓，打开国库和粮仓，把钱财和粮食都分发给饥寒交迫的百姓，并命人重修忠臣比干的坟墓，以此来表达对这位忠义正直之士的尊敬。周成王正是因为施行了这一系列的仁政，才让原先的商朝人民热烈拥护他，纷纷愿意归顺武王的统治。之后，辅佐成王的周公继续施行武王的仁政，并制定出了礼乐制度，让社会逐步稳定，政治经济也渐渐繁荣。"

听了陆贾的这一番话，刘邦内心羞愧万分，决定向前人学习。他请陆贾撰写文章，主要总结秦国失败、自己成功的原因，并分析总结历史兴衰成败的经验教训，作为自己治国理政的参考。

陆贾根据自己的分析总结，写出了《新语》，共十二篇，主要阐述了治国成败之道。刘邦看了之后，非常高兴，谦虚地采纳了书中的建议，并主动清除秦朝留下的暴政，让百姓休养生息。正是因为这样，西汉初期，才天下太平，到处呈现一片生机勃勃的气象。

取得天下靠武力，但是在治理天下上，靠武力是不够的。刘邦正是听取了陆贾的建议，施行仁政，才将天下治理得井井有条。

原文

物必先腐而蠹生，事必有隙而谗起。察其由，辨其伪，除其隙，谗自止矣。(《权谋残卷》)

译文

东西一定要先腐烂了才会滋生蠹虫，事情一定是有了裂痕才会滋生流言。审查事物发生的原因，辨别其中的真伪，阻塞它的裂痕，谗言自然就停止了。

解读

当一个人的荣誉到达顶点时，他就要走下坡路了，随之就会滋生一些流言，如何在危机来临时进行公关呢，这就要找到其中的原因，在发生变化的根本之处下手，这样就会使流言终止了。

案例

白隐禅师的智慧

人红是非多，如果这个时候有流言蜚语的中伤，就应该采取合适的措施，让流言中止，消除不良影响。

以前，有一个得道高僧，人们称他为“白隐禅师”。有一次，他所在的镇上有一个少女未婚先孕，她的家人非常生气，就一直问她是谁的孩子。那个少女一口咬定孩子是白隐的。于是，她的家人就把孩子扔给了白隐。镇上的人议论纷纷，都在讨论孩子到底是不是白隐的。

要是换作常人，肯定会立刻把孩子送回到少女家中，即使是孩子他爹也要坚定地说不是自己的孩子，更何况，那个时候根本没有科学技术可以鉴定真假。而白隐只说了句："是这样啊。"就非常淡定地把孩子留了下来。

于是，小镇上立刻炸开了锅，都说"白隐为何如此糊涂""人非圣贤，孰能无过"等。不过，让人大跌眼镜的是，白隐不仅没有把孩子遗弃或者送给别人，还每天都抱着小孩下山挨家挨户给孩子讨奶喝。每当人们看到了白隐，都露出不屑的表情，什么难听的话都有人说。但白隐依旧是平静如止水，细心地照料孩子。

这样看来，小孩子可能真的是白隐的了。如果不是自己的亲生骨肉，怎么会这样忍辱负重，悉心照料呢?

可谁知，一年后，那个少女再也忍受不住良心的煎熬，站出来承认说那个孩子是她和一个渔夫所生。于是，小镇上再一次议论纷纷起来。这个少女和她的家人都非常羞愧，去找到白隐要把孩子抱回来。这个少女看着被养得白白胖胖的儿子，非常羞愧地向白隐道歉。

这个时候，白隐终于洗刷了冤情。按理来说，他可以扬眉吐气，大告于天下了。可是，白隐没有这么做。他看着万分愧疚的少女一家，平静如止水，只淡淡地说："是这样啊。"就把孩子还给了他们。他没有指桑骂槐，也没有追究少女一家的法律责任，就让他们走了。小镇也平静如止水。

当面对流言蜚语的时候，智者白隐没有选择用语言来洗刷自己，因为他明白，有些事情只会越描越黑，所以选择不说，不过不说不代表承认这件事，而是让流言停止，以消除不利影响。

原文

《左传》曰:“无傲礼。”《曲礼》曰:“毋不敬。”然古人以傲为礼，其故何也？欲彰夫人德耳。何以言之？昔侯嬴为大梁夷门监，魏公子闻之，乃置酒大会宾客，坐定，公子从车骑虚左自迎夷门侯生。侯生引公子过市及至家，以为上客。侯生谓公子曰:“今日嬴之为公子亦足矣。嬴乃夷门抱关者也，而公子亲枉车骑。稠人广众之中，不宜有所过，今公子故过之。然嬴欲就公子之名，故久立公子车骑市中，以观公子，公子愈恭。市人皆以嬴为小人，而以公子为长者，能下士也。(《反经》)

译文

《左传》上说:“没有以傲慢为礼的。”《曲礼》上说:“不要失去恭敬的态度。”然而古人确实有以傲慢为礼的，这是什么原因呢？是想使对方的品德能够彰明于世。为什么这样说呢？过去有个隐士侯嬴，是魏国首都大梁东门的守门人。魏公子信陵君听说侯嬴是个贤者，就置办了一次大宴会宴请宾客。待宾客都坐好后，信陵君率领一队车马，把车中左边的客位空着，亲自去迎接守东门的侯嬴。侯嬴领公子去了一趟市场，待来到信陵君家中，侯嬴被当作最尊贵的宾客。侯生对信陵君说:“今天，我为你所做的事已经足够了。我本是东门看守大门的人，而你以魏国公子的身份屈尊驾车迎接我。而且在稠人广众之中，本不应去，可是我故意让你去了一趟市场。我为了成就你礼贤下士的声名，所以才故意让你和你的车马停在市场那么长的时间，来观察你，你的态度却更加谦恭。市场上的人都认为我是个小人，而认为你是个有道德的人，能礼贤下士。”

解读

人们多以为傲慢是不好的，但为了显示礼贤下士的品格，客气地对待傲慢却更能显示自己的真诚，这就是傲慢的好处。

案例

曹操礼待关羽的故事

有的时候对待别人的傲慢无礼，自己以礼相待，反而更能凸显出自己的诚心。

三国时期，刘备的军队被曹操击败了。刘备、关羽和张飞三个人失散了。其中，关羽被曹操的军队包围了。但由于在虎牢关战役中，关羽温酒斩华雄，又三英战吕布，给曹操留下了非常深刻的印象，曹操十分欣赏关羽的才华英武，就希望能够把关羽招揽过来。于是，他派出张辽去游说关羽。关羽考虑到和兄长刘备的结拜誓言，以及保护兄嫂不被侵犯和与张辽的情谊，同意暂时归降曹操，不过，又额外提出了几点要求：一是降汉不降曹；二是要确保兄嫂安全；三是如有刘备消息就立刻离去，曹操不能阻拦。

曹操爱才心切，就只好同意了他的要求，他希望可以通过自己的努力和让步让关羽真心归降。在关羽“归降”期间，曹操非常重视和厚待关羽，不仅封他为汉寿亭侯，还上马金，下马银，赠送了他一匹“赤兔马”。为了报答曹操的厚待，关羽也斩颜良诛文丑，为曹操立下了大功。

哪知，有一天，关羽突然打听到了刘备的下落，他就立刻向曹操请求辞去。但是曹操采取避而不见的办法，希望可以把他留住。无奈之下，关羽只好不辞而别。由于没有拿到曹操的手谕，所以一路上，他遭受到了层层的阻拦。最后，关羽单枪匹马，闯过了曹操所辖的五个关隘，斩杀了曹操六员大将，终于逃了出去。

再说曹操的部下中，只有张辽、徐晃和关羽交往甚密，其他人对他只是敬服，而唯独蔡阳非常不服气关羽。所以，当蔡阳听说关羽走了之后，立刻就想把他追回来。曹操却拦下蔡阳，说：“他不忘旧主，来去明白，是真正的大丈夫啊。你们应该向他学习。”

面对关羽的不领情，曹操并没有拦杀关羽，反而由衷地钦佩他，更凸显了曹操的爱才惜才，以及宽容博大的胸襟。

原文

敌来新到，行阵未定，可击也；阵虽定，人马未食，可击也；涉长道，后行未息，可击也；行坂涉险，半隐半出，可击也；涉水半渡，可击也；险道狭路，可击也；旌旗乱动，可击也；阵数移动，可击也；人马数顾，可击也。凡见此者，击之而勿疑。然兵者，诡道也。能而示之不能，用而示之不用。故匈奴示弱，汉祖有平城之围；石勒藏锋，王浚有幽州之陷。即其效也，可不慎哉！（《反经》）

译文

在此情况下，可以进攻敌军：敌军刚刚来到，行阵还未来得及布列；行阵虽已布列，但人马还未来得及进食；长途跋涉，后到的部队还未休息；行进于岗坡险阻之地；处在半隐半显状态；半部渡水；正在险狭之路上行进；旌旗乱动；敌阵频繁移动；敌军人马再三返顾。所以，用兵打仗，是一种诡诈的行为。能攻却要显出不攻的样子，要打却要显出不打的样子。匈奴故意示弱，汉高祖不了解真情，被围困在了平城；石勒故意藏起锋芒，王浚不知道实况，被攻陷了幽州。这都是前车之鉴，不谨慎行吗？

解读

用兵打仗讲的就是计谋，如何灵活地运用计谋是取胜的关键因素。上面就举了一些可以克敌制胜的时机，当一些时机失去时，还可以运用另一些时机，或者临时制造一些时机。总之，就是要把握主动权，使敌人随着自己的变化而变化。

案例

张飞设计威慑曹军

面对敌人时，要主动创造机会掌握主动权，让敌人跟着自己的步伐走。

三国时期，曹操平定河北之后，挥兵南下，讨伐荆州。刘琮自知自己不是曹操的对手，就率众投降。就这样，曹操不折一兵一将，就占领了襄阳。而刘备则寡不敌众，只好带着部队退到江陵地区，不过曹军紧追不舍，两军在长坂坡大战了一回。刘备大败，还好有张飞保护，就一直且战且走。天快亮的时候，刘备看追兵已经很远了，就准备下马休息一会儿。直到这个时候刘备才发现，赵云、糜竺、简雍都已经不知去向，只剩下100多骑兵。正当他忧伤的时候，只见糜芳面带数箭，踉跄着走来说："赵云已经向曹操投降了。"

刘备听了，并不相信。张飞则说："他肯定是看我们势单力薄，贪图富贵就归降曹操了。我这就找他去，如果看到了他，一定一枪杀死他。"说完，就不顾刘备的劝告，立刻飞身上马，带领二十多名骑兵折回到长坂桥边。当他来到桥东时，看到旁边有一大块树林，灵机一动，就让那二十多名骑兵都下马砍树枝，并让他们把树枝拴在马尾上，在树林里不断奔跑，树枝扬起地上的尘土，好像有骑兵无数。张飞自己则横矛立马于桥上，往西望去。

其实，赵云并没有投降。他受刘备的嘱咐，要保护刘备的一家老小。所以，在长坂坡撤退的时候，他不顾自身安危，返回到重围之中。经过一天的奋血浴战，他杀死曹操五十多名名将，把简雍、糜竺、甘夫人和阿斗救了出来。等他来到长坂桥边时，已经是人困马乏了。当他看到张飞在桥上的时候，如遇救兵，立刻大喊："翼德救我！"

因为之前简雍已经提前报信，所以他知道赵云并没有背叛刘备，就说："子龙快走，追兵有我来抵挡。"赵云纵马过桥。这个时候，曹操的将领文聘率领军队追到桥边，他看张飞一人倒竖虎须，圆睁环眼，手持蛇矛，立马桥上；又看到后面树林里尘土飞扬，好像有埋伏的士兵无数，就立刻勒住马，不敢向前一步。不一会儿，曹仁、李典、张辽、许褚等陆续追了过来，他们见状，也都不敢靠近，就让人去报告曹操。曹操听到消息，马上赶了过来。张飞看到曹军阵后的青罗伞盖与旄钺旌旗渐渐地近了，就知道是曹操要到了，就大声喝道："我乃燕人张翼德，你们谁敢和我决一死战？"他的声音如同响雷，曹军听了，个个都吓得两腿发抖。

曹操立刻让左右的人去掉伞盖，说："我以前就听关云长说过，说张飞在百万军中取上将之首，非常容易。现在碰到了他，大家可千万不要轻敌！"话还没说完，张飞又大声喊道："燕人张翼德在此，谁敢出来决一死战？"

曹操看到张飞如此英雄气概，心有退兵之意。张飞见曹操后面的士兵阵脚移动，又大声喝道："战又不战，退又不退，是什么意思？"他的这声还没喊完，曹操身边的一个将领夏侯杰居然吓得肝胆碎裂，从马上掉了下来。曹操见情形不妙，立刻拍马而走。于是，众将士一窝蜂似的都往西逃走了。

张飞在敌强我弱的情况下，故意制造自己伏兵很多的假象，让曹操误以为自己伏兵很多，所以才让他们率先乱了阵脚，不战而逃。

原文

故凡战之要，先占其将而察其才。因刑用权，则不劳而功兴也。其将愚而信人，可谋而诈；贪而忽名，可货而赂；轻变，可劳而困；上富而骄，下贫而磔，可离而间；将怠士懈，可潜而袭。智而心缓者，可迫也；勇而轻死者，可暴也；急而心速者，可诱也；贪而喜利者，可袭也、可遗也。仁而不忍于人者，可劳也；信而喜信于人者，可诳也；廉洁而不爱人者，可侮也；刚毅而自用者，可事也；懦心喜用于人者，可使人欺也。此皆用兵之要，为将之略也。(《反经》)

译文

所以说作战最重要的，首先是要看将领及其才能。依据法度使用权力，就会不劳而功成。如敌方将领愚钝而轻信别人，可使用计谋欺诈他；如贪婪而不顾名声，可用重金贿赂他；如轻举妄动，就设法使他劳顿窘困；如上富贵而骄纵，下贫穷而有异心，就可以离间他们；如敌人将帅倦怠、士卒松懈，就可以偷袭。如将领聪明而反应迟缓，就要使他急迫；如勇猛又轻生，就欺凌他；如急躁易激动，就要诱惑他；如贪功好利，就要袭击他、贿赂他。如因仁爱而对敌不狠，就要用敌人的残暴教育他；如廉洁却又不爱他人，就要凌侮他；如刚毅又喜欢自以为是，就要假装顺从他；如内心懦弱、喜欢被别人驱使，就要让人去欺诈他。以上所说的这些，都是用兵的要旨，为将帅者必须了解。

解读

攻击一个团队，主要看其领导是什么样的，这里就举了对付各种将领的方法，可以如法炮制，遇到什么样的领导，就根据其弱点进行攻击，这样不断变化，自然能击败他们。

案例

空城计

要打败敌人，就要抓住重点，根据对方团队的领导人的弱点予以攻击，只有这样，才能一击而中，让对方群龙无首，自然就会失败。

春秋时期，楚国的文王死了后，楚国的令尹公子元就想着把漂亮的嫂子文夫人据为己有。于是，他便用各种方法去讨好她，可文夫人都无动于衷。于是，他又想着通过建立功业，来显示自己的能耐，以此博得文夫人的欢心。

公元前666年，公子元亲自带领兵车六百乘攻打郑国。楚国大军连续攻下好几座城，直捣郑国国都。郑国实力较为弱小，都城之内更是兵力不足，根本无法抵抗住楚军的进犯。

郑国危在旦夕，众多大臣慌作一团，有的说纳款请和，有的说拼死一战，有的则主张等待救援。不过，这几种提议都不能解救郑国于危难之中。这个时候，上卿叔詹提议说："请和和决一死战都不是上策。等待救援倒是可以。郑国和齐国订有盟约，现在郑国有难，齐国一定会出兵相助。不过，如果只是坐在这里等待救援，恐怕难以支撑到那个时候。公子元伐郑，不过是想邀功图名讨好文夫人。那么，他一定急于求成，又害怕失败。现在我有一个计策，倒可以一试。"

于是，郑国按照叔詹的计策，在城内做了安排，让士兵全都埋伏起来，不让敌人看见，并让城里的店铺照常营业，百姓往来如常，不能表现出一丝慌乱的神态。而且还命人把城门敞开着，放下吊桥，营造出一副完全不设防的样子。

楚军先锋到达郑国都城城下时，看此情景，心里不禁非常疑惑，难道城里有了埋伏，故意引诱我入城中计？于是，他命令军队在原地停下来，等待公子元。当公子元赶到城下时，看了城里的情景，也不禁觉得非常疑惑。他带着大家选了城外的一处高地眺望，只见城内确实空虚，不过隐隐约约又看到了郑国的旌旗甲士。公子元便坚持认为其中有诈，不可轻敌，还是派人先进去打听虚实再做打算，于是按兵不动。

这时，齐国已经接到了郑国的求援信，已联合鲁、宋两国发兵救郑。公子元得知这个消息后，知道三国兵马到，楚军定不能取胜。好在已经打了几场胜仗，还是赶快撤退为妙。为了防止郑国军队趁着楚军撤退时追击，他命令全军人马连夜撤走，军营旌旗依旧留在原地，不能发出一点声响。

第二天早上，叔詹登城一望，大喜，说："楚军已经全部撤走了。"众人见敌营旌旗仍在，都不相信。叔詹说："如果军营中有人，那么怎会有那样多的鸟在上空盘旋呢？他这也是用空城计欺骗了我，连夜撤兵了。"

郑国叔詹正是了解了公子元急于求成的心理，才设下空城计骗过了楚军。

原文

韩信初为齐王时，蒯通说信，使三分天下，信不听。后知汉畏其能，乃与豨谋反。事泄，吕太后以计擒之。方斩，曰：“吾不听蒯通之计，乃为儿女子所诈。岂非天哉！”高祖归，乃诏齐捕通。通至，上曰：“若教淮阴侯反耶？”曰：“然。臣固教之。竖子不用臣之策，故令自夷如此。如彼竖子用臣之计，陛下安得夷之乎？”上怒曰：“烹之！”通曰：“嗟乎！冤哉也。”上曰：“若教韩信反，何冤？”对曰：“秦之纲弛而维绝，山东大忧，异姓并起，英俊乌聚。秦失其鹿，天下共逐之，于是高材疾足者先得焉。跖之犬吠尧，尧非不仁，狗固吠非其主，当是时，臣独知韩信，非知陛下也。且天下锐精持锋，欲为陛下所为者甚众，固力不能耳，又可尽烹耶？”高帝曰：“置之！”乃释通之罪也。(《反经》)

译文

韩信最初被封为齐王时，蒯通劝说他与西楚项羽、汉王刘邦三分天下。韩信不听蒯通劝告。后来听说刘邦畏惧他的才能，于是便与陈豨合谋叛乱。事不机密，泄露了出去，吕后用计谋擒住了韩信，将斩之际，韩信叹道：“我后悔不听蒯通的话，才被小人女子所欺骗，这难道不是天意吗？”高祖回到朝廷后，下令逮捕蒯通。蒯通被押到长安后，高祖说：“是你教唆韩信谋反吗？”蒯通回答说：“是的！我本来是那样教导他的，只是这小子不用我的计策，才使他自己落到被夷灭的下场。如果他听我的计划，你怎么能夷灭他呢！”高祖大怒说：“煮了他！”蒯通说：“哎呀，煮我是冤枉的啊！”高祖说:“你教唆韩信谋反，还冤枉什么？”蒯通回答说:“秦朝崩溃了，崤山以东大乱，各家同时而起，英雄豪杰就像乌鸦聚集时那么多。秦国失了鹿（统治权），天下的人都去追赶，只有身材高大，跑得快的人能先捉到它。盗跖的狗朝着尧狂吠，并不是尧不仁的缘故，只是因为尧不是它的主人罢了。我为韩信出谋划策之时，只知道有韩信，并不知道有你。再者说，天下手持锋利的武器，打算做你所做的事的人太多了，只是力量达不到罢了，你能把他们全都煮了吗？”高祖说:“放了他吧。”于是赦免了蒯通的罪行。

解读

团结和自己意见相同的人，这谁都能做到；团结和自己意见不同的人，就难得多。而要团结反对过自己、甚至曾是自己敌人的人，就尤其困难，故而也就尤其难得。历史上只有少数雄才大略的人做到了这一点，因而才成就了王图霸业。

案例

林肯大度容人的故事

要成就一番事业，就需要人才，这个时候，我们不仅需要团结和自己意见看法一致的人，还要能够团结和自己意见相左的人。

林肯出身在一个平凡的鞋匠家庭，由于当时的美国很重视门第观念，所以，在竞选前夕，一个参议员为了让他退出竞选，故意羞辱他说:“林肯先生，在你演讲之前，我希望你记住，你只是一个鞋匠的儿子。”

面对这种羞辱，林肯并没有恼羞成怒，而是非常自豪却又谦虚地说:“非常感谢你，是你让我又想起了我的父亲，他已经不在了。不过，我一定会记住你的忠告，我知道，我做总统无法做得像我父亲做鞋匠那么好。以前，我的父亲也为你的家人做过鞋子，若是你的鞋子不合脚，我可以再帮你改好的。虽然我并不是专业的鞋匠，但是我还是从我父亲手中学到了一些做鞋的技术。”

接着，他又对所有议员说:“对于参议院的任何人都是一样的，如果你们的鞋子是我父亲做的，而它又需要修补的话，我一定会尽力帮忙的。不过，有一件事是肯定的，那就是我做鞋的技术肯定没有我父亲的好，他的手艺是没有人可以比拟的。”说到这里，林肯流下了热泪，面对林肯真诚的演说，全场所有的嘲笑声都化作了热烈的掌声。

林肯在入主白宫之前，生活比较潦倒困苦，加上其貌不扬，所以，在他刚任职时，内阁中没有任何一个人瞧得起他。陆军部长斯坦东甚至曾公开说：“我不愿和那个笨蛋、憨豆、长臂猴为伍。”林肯听后，也并不计较，反而大度地说：“我决定牺牲一部分自尊，派斯坦东任陆军部长，因为他绝对忠于国家。”

不过，斯坦东在任职后，继续公开谩骂林肯，有的时候甚至不执行他的命令。有一次，一位议员带着林肯的手令去找他，他居然公然抗命，说：“如果总统给你这样的命令，那么他一定是个浑球。”

那个议员以为林肯一定会让斯坦东滚蛋，可谁知，他居然说：“如果斯坦东认为我是一个浑人，那么我一定是了，因为他几乎对所有事情的判断都是对的。”林肯的宽容大度让斯坦东非常感动，他也因此而到林肯跟前表达了自己诚挚的歉意。

林肯正是凭借着自己的宽容大度之心，赢得了对手的尊重，形成了合力，成就了一番事业。

原文

知机者明；善断者智。势可度而机可恃，然后计可行矣。处变不惊，临危不乱。见机行事，以计取之，此大将之风也。(《权谋残卷》)

译文

能够看清楚时机的人就是明，善于在时机前取舍就是智。事情可以预测而时机可以利用，然后计谋就可以施行了。能够在变乱中不惊慌，面对危难不自乱阵脚。见机行事，靠计谋来智取，这就是大将做事的风格。

解读

在事情的变化中，首先要处变不惊，然后再见机行事，如果遇到变化就不知所措，那即使有好的计谋也会失败。

案例

诸葛子瑜之驴

面对突发情况时，不要乱了自己的阵脚，要保持镇定，认真分析情形，只有这样才有可能根据情况变化，采取合适的策略行事。

三国时期，有一个人叫诸葛子瑜，他长得非常难看，脸非常非常长。有一天，他的国君举行酒宴，宴请诸位文武官员。诸葛子瑜也被邀请赴宴。于是，他就带着他的小儿子一起来赴宴。

谁知道，在宴会上，国君为了取笑逗乐，让大家开心，居然命人当场牵来了一头驴。只见驴的额头上贴着一张字条，上面写着“诸葛子瑜”。

大家一看，驴长长的脸确实和诸葛子瑜的长脸不相上下，不禁都捧腹大笑起来。诸葛子瑜被国君和文臣武将们当面取笑，心里非常不开心。不过，是国君开的一个玩笑，他又不敢生气，只好忍气吞声，又羞又恼地好想找个地洞钻进去。

正当诸葛子瑜坐立难安的时候，一直坐在诸葛子瑜身旁的小儿子看到了这一幕，非常的生气。尽管国君和大臣们还在大声笑着，他还是不卑不亢地站了起来，毫不犹豫地拿起一支毛笔径直走到毛驴前面，在那张写着“诸葛子瑜”的字条上又加了“之驴”两个字，意思就是说这是诸葛子瑜的毛驴。

看到这个场景，大家都惊住了，再也不敢笑了。国君看到诸葛子瑜的小儿子小小年纪，脑瓜子就这样灵活，懂得随机应变，大为赞赏，就把毛驴当场赏给了诸葛子瑜。

诸葛子瑜的小儿子在这种尴尬的情况下，居然不卑不亢，不慌不忙，随机应变，帮助自己的父亲解围，实在是非常机智的做法。碰到问题保持清醒的头脑，再随机应变，往往可以将复杂的问题简单化，使问题轻松得到解决。

原文

将错就错，以讹传讹，移花接木，巧取豪夺。敌快我慢，以智缓之；敌强我弱，以计疲之。釜底抽薪，此消彼长。敌缓则我速，敌弱则我强。此亦机变也。(《权谋残卷》)

译文

利用敌人的错误来向敌人传播错误消息，用敌人的错误言论来讹诈敌人，移花接木，巧妙的争取，勇猛的争夺。敌人快过我方的速度，就要用计谋来延缓敌人的攻势；敌人比我方强大，就要用计谋来拖垮对方。能够对强大的敌人釜底抽薪，就能够使我方和敌方的势力此消彼长。敌人的速度变缓慢了，我方的速度相对就变快了；敌人的实力变弱了我方的实力就变强了。这就是事物变化的枢机。

解读

变化是相对的，当敌人变化时，我也变化。而且要在这变化中不断使出克敌制胜的谋略，这样自然就会抓住事物变化的根本，从而在变化中掌握主动权。

案例

老师傅卖斧头

事情任何时候都是处于变化之中的。因此，当事情变化时，要根据事情的变化而不断调整策略。特别是面对敌人时，要在变化中不断筹谋出制敌的办法，只有这样才能在变化中掌握主动权。

从前，有一位铁匠师傅，收了一个小徒弟。小徒弟非常勤奋，不久后，就能够自己独立干活了。第一个月，小徒弟连夜打造了四把斧头，自己觉得很满意，就拿到店铺里卖。一位中年农民进来了，他看了看斧头，埋怨说斧头太重了，小徒弟不知说什么好。师傅就对农民说："您身强力壮，用大一点的斧子才合适呢！"农民听后，非常高兴地就买了下来。

紧接着，一个屠夫走了进来。他看到斧头后，并不非常满意，说："斧头这么小，恐怕不能用来砍骨头吧？"小徒弟听了，心想，是不是自己的技术还不过硬，便惭愧地低下了头。师傅对屠夫说："这把斧头您一定能用，太大了手臂会发酸的。"屠夫听了，觉得很有道理，就也开心地买了下来。

第三位顾客是一个樵夫，他一进门就问："为什么你家的斧头要打这么久啊？"小徒弟在一旁听了，满脸通红，心想，这样看来是要重新再打了。师傅连忙笑着说："慢工出细活嘛！这样打的斧头才锋利啊，你放心，这把斧头可以让你一天砍一大捆柴。"樵夫听了，心里很高兴，就爽快地把斧头买走了。

看了这么久，小徒弟心想，如果还有客人要抱怨，我就知道该怎么应对了。最后走来了一位老人，他看着斧头皱着眉头说："怎么这么快就打好了，恐怕火候还不够吧？"

小徒弟听了，哭笑不得。师傅见状，连忙上前解释说："这不是怕您老急着要用嘛！我这个徒弟啊，很勤奋，这可是他连夜赶工打出来的，您放心，质量是绝对没有问题的。"老人听了后，非常开心，很快就付钱了。

故事中的铁匠师傅面对不同的客户，随时能够调整自己的策略，才让客人们都满意地买下了斧头。

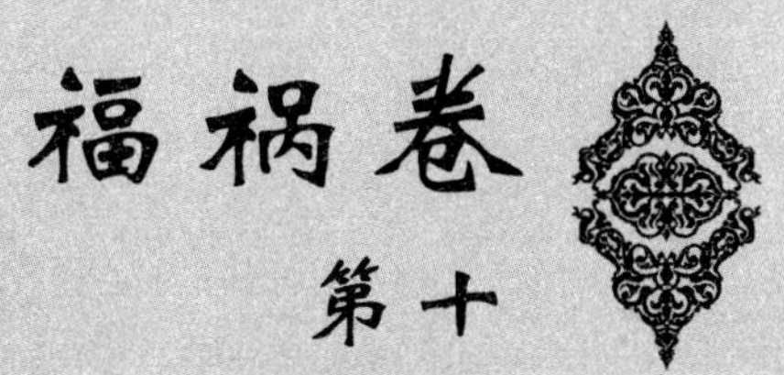

福祸卷

第十

原文

考祸福之原，察盛衰之始，防事之未萌，避难于无形，此为上智。祸之于人，避之而不及。惟智者可以识其兆，以其昭昭，而示人昏昏，然后可以全身。(《权谋残卷》)

译文

思考祸福的本源，明察盛衰的始末，在事情萌芽就开始准备对策，在危难还没有到来的时候就避开它，这是最大的智慧。平常人对于祸患即便躲也躲不掉，唯独有智慧的人可以发现祸患到来前的征兆，心里明白，却藏而不露，然后才可以保全自己。

解读

福祸是相对的，但人们总是希望得到幸福，避免灾祸。要避祸得福其实也很简单，就是在灾祸还没到来时，就做好准备，防患于未然，特别是处于幸福中时，更要想到灾祸也不远。

案例

月盈则亏的道理

人们总是希望得到福气，而避免灾难；要避免灾难，就应该居安思危，防患于未然。

西汉时期的董贤，由于长相帅气而又精于溜须拍马，因而得到汉哀帝刘欣的专宠。

每次哀帝出宫，都会和董贤同乘一辆车子，在宫里更是和他朝夕相对。有一次，董贤陪着哀帝午休，他翻了个身把哀帝的袖子给压住了，当哀帝醒来时，看到他睡得正香，怕自己抽开袖子会惊醒他，就让人用剪刀把自己的袖子给剪了。

正所谓“一人得道，鸡犬升天”。董贤一受宠，他的家里人也都跟着受宠，他的妻子可以随意在宫里出入，他的妹妹进宫当了妃子，他的父亲被封为爵，就连他的岳丈和小舅子都因此而成为高官。这些还不止，哀帝甚至还专门建造了一座豪宅给董贤住，还命人把各个地方进贡上来的很多珍贵东西都送给了他。

董贤性情柔和，又喜欢逢迎哀帝，因此经常用谄媚来巩固自己的地位，把哀帝哄得十分开心。

后来，哀帝甚至还突发奇想，准备封董贤为侯，但却一直找不到机会。哀帝体弱多病，没有一儿半女。因此，有不轨之心的东平王和王后都在私下里偷偷地诅咒他，可不幸的是这件事情被两个大臣告发了，结果东平王畏罪自杀，而王后也被处死了。

在封赏时，有人故意为了迎合哀帝，就建议把董贤也加入告密人的名单，这样就可以借机封他为侯了。哀帝听了，十分高兴，就点头同意了，下令把董贤和那两个告密的大臣一起加封为侯。

但是他这个命令却遭到宰相王嘉和御史大夫贾延的极力反对，并让大臣们在朝堂上讨论董贤在这件事情上是否真的有功。结果哀帝心虚，不敢让大臣们讨论，只好把它放在一边。后来，哀帝又提到封董贤为侯的事情，但再一次遭到了王嘉等众大臣的反对。从此，哀帝对王嘉心存芥蒂，渐渐疏远了他。

可尽管这样，董贤还是丝毫不懂得避讳，他们一家人依旧在宫里大摇大摆地来来往往，更没有阻止哀帝封自己为侯。

之后，哀帝的祖母富太后逝世了，哀帝觉得这又是一个机会，于是，假借着太后的遗命打算封董贤两千户。王嘉得知这个消息，立刻上书劝阻哀帝。哪知哀帝已经鬼迷了心窍，看到王嘉的上书，立刻勃然大怒，派人逼迫王嘉服毒自尽。结果王嘉义正词严地拒绝了，并在狱中绝食而死。

从此，再也没有人敢直接劝谏哀帝了。不久，哀帝又加封董贤为大司马，让他主持整个朝政，权极一时。

但是，哀帝从小体弱多病，没多久就死了。哀帝一死，董贤也就失去了靠山。于是，王太后立刻罢了董贤的官。董贤自知大势去矣，就和他的妻子自杀了。

月盈则亏。过分受宠而不懂避讳，才招来太后和众多大臣的不满，以致于哀帝一死，董贤也就在劫难逃了。

原文

《尸子》曰:“人臣者，以进贤为功；人主者，以用贤为功也。”《史记》曰:“鲍叔举管仲，天下不多管仲之贤，而多鲍叔之能知人也。”苏建常责大将军青曰:“至尊重而天下之贤士大夫无称焉。愿观古今名将所招选择贤者。”大将军谢曰:“自魏其武安之厚宾客，天子尝切齿。彼亲附士大夫，招贤黜不肖者，人主之柄也；人臣奉法遵职而已，何与招士？”其为将如此。(《反经》)

译文

《尸子》说:“人臣以推荐贤者为有功；人主以任用贤者为有功。”《史记》说:“鲍叔牙举荐管仲；天下人很少赞美管仲，而是称赞鲍叔牙有知人的才能。”苏建经常责备大将军卫青:“你自高自大，使得天下的贤士大夫都不称颂你，希望你像古今名将那样招揽、选拔德才兼备的人。”大将军卫青抱歉地说:“自从魏其侯、武安侯大宴宾客，招贤纳士以后，天子曾对此非常愤怒。亲近士大夫，招揽贤士，罢黜不肖之人，那是人主的权力；做为人臣，只要依法履行自己的职责就可以了，何必要去招贤纳士呢？”卫青作为汉武帝的大将军，终生都是这么做的。

解读

人臣自然有向君主推荐贤人的责任，但是有时这么做或者做得太多就会出问题，以致惹来祸患。君主最怕的就是大臣权力太大，在朝中结成自己的势力，所以在举荐人才时，要考虑一下自己的安危。

案例

王旦举人避亲

在向君主举荐贤人时，不能过多地向君主推荐人才，这样既能避免有结党营私的嫌疑，还能避免别人的非议。

北宋时期的著名宰相王旦，最为人称道的是他的清正廉洁。有一次，他的女婿苏耆凭借着自己的真才实学考取了进士。在殿试的时候，他被分到进士之外的明经、贤良方正、直言极谏等诸科里面，这些都将会直接影响到他将来实授的官职。

知枢密院使陈尧叟知道这件事情的详细情况，于是，就向真宗皇帝介绍了里面的情况。当时，王旦也在场。于是，真宗就问他："这人怎么样？"这明显是真宗想给宰相一个机会，只要王旦开口，真宗肯定是会给宰相这个面子的。

可是，当他的女婿苏耆用充满期待的眼神看着他的时候，王旦居然神态自然地站在那里一动不动，没有说一句。苏耆只好怏怏地退下了，这可是人生中一个千载难逢的好机会啊，居然就这样错过了。

等到王旦从皇宫里出来的时候，连陈尧叟都埋怨他说："当时你只要说上一句话，那么苏耆肯定就可以入选了，你为什么一声不吭呢？"

王旦却义正词严地说："国家选取人才，肯定有自己的标准啊。我身为一国宰相，怎么可以自己推荐自己的亲属呢？"

王旦有一个侄子叫王睦，他非常喜欢读书，可以用满腹经纶、学富五车来形容。他觉得自己满肚子学问，应该为国家做点贡献。于是，他就给他这个叔叔写信，想要他推荐他为进士。王旦立刻就回了一封信给他说："你现在的名气很大，我已经很为你担心了，你怎么还可以再去和那些贫寒的读书人争取功名利禄呢？"

至于他自己的儿子王素，他更是绝口不提。所以，一直到他去世，他的儿子都没能成为"公务员"。

王旦正是时刻明白自己的位置，谨慎处事，举人避亲，才获得人们的赞誉，也得到真宗的信赖。

原文

《人物志》曰:“君子知自损之为益，故功一而美二；小人不知自益之为损，故伐一而并失。由此观之，则不伐者，伐之也；不争者，争之也；让敌者，胜之也。是故郤至上人，而抑下滋甚。王叔好争，而终于出奔；蔺相如以回车取胜于廉颇；寇恂以不斗取贤于贾复。物势之反，乃君子所谓道也。”（《反经》）

译文

《人物志》中说:“有才德的人知道吃亏受损实际上是有好处的，所以有一份功劳却可以得到两份的美誉；见识浅薄的小人不知道自己占了便宜实际上是一种损失，所以自夸其功，结果功劳和名誉一起损失了。由此看来，不自夸有功的，实际上是真正的夸功；不争名夺利的，实际上是名利双收；对敌方有所让步的，其实是战胜了对方。正是由于这个道理，春秋时的郤至善于抬举别人，实际上压倒了别人，名望显得更高；王叔爱争高低，结果被迫出逃他国；蔺相如用引车回避的办法战胜了廉颇；寇恂因为不和贾复争斗，得到了比贾复贤明的美誉。物极必反，这就是君子常说的‘道’。”

解读

玩权谋也要遵循“道”，“道”是什么，是一种平衡之术。所以在得到和损失之间，要在该损失时损失，以免因为不损失而有了更大的损失，因为这和自身的福祸是相连的。

案例

鱼的诱惑

有失才有得，在得失之间要权衡好利弊，切不可什么都抓，结果弄得什么都得不到。

从前，有一只老鼠来到一户人家偷吃，结果被那户人家养的猫给抓住了。老鼠苦苦哀求猫放了它，说：“请你放过我吧，你要是放了我，我就送你一条肥美的大鱼。”

猫立刻拒绝了，说：“不行。”

老鼠又加重了条件，说：“那我送你五条大肥鱼。”

猫还是不答应。

老鼠仍然不死心，说：“只要你放了我，以后每天我都会给你送来一条鲜美的肥鱼。而且，在过年过节的时候，我还会专程来拜访你，这样总行了吧？”

听了这个条件，猫咪有点心动了，它眯着眼睛，不肯说话。

老鼠见猫不说话了，知道有戏了，继续添把火说道：“你平常很少有鱼吃。只要你放了我，以后就每天都有鱼吃了。再说了，这件事情就我们两个知道，你又何乐而不为呢？”

猫还是不说话，但是心里却很犹豫：老鼠的意见确实很诱人，只要放了它，那就每天都有鱼吃了。不过，要是我这次放了它，那么它以后肯定还会来偷东西的。如果我以后再抓到了它，那该怎么办呢？放了它，它肯定会继续偷东西，到时候主人还会责怪我，甚至会把我赶出去呢！到了那个时候，不要说鱼，连一天三顿都没有着落了；如果我下次不放它，那么它或者它的同伙肯定会恼羞成怒，指不定还会到主人那里告发我，到时候，我还是难逃被赶走的命运；如果我假装没有看到它，那么主人就会认为是我犯懒不愿好好干活，最终还是会赶我走。一天一条鱼的条件固然不错，但很有可能为了它把一天三顿都给弄丢了，这样就太不值当了。

想到这儿，猫咪终于下定了决心，突然睁大眼睛，锋利的爪子刺进了老鼠体内。

这只猫是非常聪明的，虽然老鼠的许诺非常的美好，但是一日三餐是底线啊，如果连底线都保不住的话，那么一天一条鱼也无疑只是美好的幻想了。

原文

孙子为书谢春申君曰："鄙谚曰：'厉人怜王。'此不恭之言也。虽然，古无虚谬，不可不审察也。此为劫杀死亡之主言也。夫人主年少而矜材，无法术以知奸，则大臣主断图私，以禁诛于己也。故杀贤长而立幼弱，废正嫡而立不义，《春秋》戒之，曰：'楚王子围聘于郑，未出境，闻王病，反问病，遂以冠缨绞王杀之，因自立也。齐崔杼之妻美，庄公通之，崔杼率其党而攻庄公，庄公走出，逾于外墙，射中其股，遂杀之，而立其弟。近代李兑用赵，饿主父于沙丘，百日而杀之。淖齿用齐，擢闵王之筋，悬于庙梁，宿昔而死。'夫厉虽肿胞之疾，上比前代，未至绞缨、射股也；下比近代，未至擢筋、饿死也。夫劫杀死亡之主，心之忧劳，形之困苦，必甚于厉矣。由此观之，厉虽怜王，可也。"（《反经》）

译文

孙子上书给春申君说："民谚有言：'得了癞疥病的人都可怜做国王的人。'这话虽然说得很不恭敬，但是自古流传的这句谚语却没有一点虚伪和荒谬的意思，不能不好好想一想啊！这句民谚是专指那些被人杀害的亡国之君而言的。作为一国之君，年轻历浅，却要恃才自傲，到处炫耀，又没有心术和办法识别奸人，这时大臣就会专擅大权图谋私利，怕的是遭受杀身之祸。为此他们或则杀长立幼，或则废嫡立不义。《春秋》曾就此劝诫道：'楚王子围要到郑国访问，还没走出国境，听说楚王病了，于是返回去问候病情，乘机用帽子上的带子把楚王勒死，自立为楚国国王。齐国崔杼的妻子很美，齐庄公与她私通，崔杼就率领他的部下攻打齐庄公，庄公翻墙逃跑时让箭射中大腿，被崔杼追上去杀死，拥立庄公的弟弟为王。李兑在赵国当政，把灵王围在沙丘宫，百日后被活活饿死。淖齿在齐国当政，将齐闵王抽了筋，悬挂在庙梁上，过了一宿就死了。患癞疥的人虽然得的是皮肤病，还不至于像前代或近代这些人一样用帽带勒死、箭矢穿股、抽筋、饿死的办法残害国君。而那些被残杀的君王，心理所承受的压力与劳苦，身体所遭受的摧残，要比癞病患者所受的痛苦厉害多了。由此看来，说癞病患者可怜做国王的人，是有道理的。”

解读

越处高位越危险，越是有名越危险，因为看着你的人太多了，这就要求自己处处小心，只有加强了小心，才能避祸，否则一件小事就让你死无丧身之地。

案例

王翦讨价还价保平安

身居高位，关注的人就多，就越发要小心谨慎，否则，一件小事情就能让人重重地栽跟头。

战国时期，秦国的将领王翦破赵国都城邯郸，消灭燕、赵，有大功于国。可是，随着王翦的功劳越来越大，他就越发谨慎小心，特别是对着秦王嬴政，他更是谦虚谨慎，因为他深谙“兔死狗烹，鸟尽弓藏”的道理。

在李信带兵攻打楚国失败后，秦王嬴政又把已经告老还乡的王翦请了出来，并答应给他六十万兵力，让他带兵攻打楚国。

当王翦带兵出征那天，秦王嬴政亲自带着大臣们为他送行，并在灞上拉着他的手笑着说:“还请老将军早日凯旋。”可这声笑却又是那么的不自然。在大军走了很久后，他还是站在那里不肯回去，因为这可是把全国的兵力都交给了王翦一人啊，要是他有二心，可就糟糕了。

王翦当然非常清楚秦王嬴政心里在想些什么。所以，为了避免自己功高盖主，同时又让秦王放心，他在军队离开咸阳、刚过灞上不远时，又连忙拍马折了回来。果然，秦王还立在原地，他看到王翦一个人返回来了，十分不解地问：“将军你为什么又返回来了呢？”

王翦说：“老臣已经老了，以后为大王效力的机会也不多了，所以想趁着自己还能动的时候多为子孙谋点儿田产。反正效力于大王，最多也只能封侯。所以，要是我打了胜仗，大王您要觉得我有功，只要赏我良田美宅就够了！”

秦王一听，就笑了，立刻说：“等你回来，咸阳西边那一万良田就归你了！”

王翦听了，心里十分踏实，就立刻拍马回去了。

不久后，他的儿子王贲又跑回来见秦王，说是自己的父亲请求大王把咸阳东边的那五栋府第赏给他。秦王又毫不犹豫地答应了，还多加了三处。王贲听了，连忙磕头谢恩，又拍马去追赶大部队。

就在秦王以为王翦该消停了，可谁知，王翦居然又派了一个人回来见他，说是请秦王再把恩赐的房子周边五十里地也都赏给他，作为他的猎场，好让自己以后老了可以在那里休息、打猎。

秦王一听这个请求，哈哈大笑了起来，说：“王将军真是太多虑了，要是他能够把楚国攻下来，还怕我会不封赏他？”于是，又下令把周围一百里的青山都赏给他，作为打猎休息之地。

作为一个大将军，为什么在出征前如此三番五次地为子孙谋取产业呢？这让王翦的很多部下非常不理解，觉得他好像是在做生意，和秦王讨价还价。就连他的二儿子王苗都觉得他太过分了。但王翦却不这样认为，他偷偷对王苗说：“秦王嬴政把全国的兵力都交给了我，我要是不这样做，他能放心吗？我还能安心打这个仗吗？我这样做可不仅仅是为后代谋田产，更是为我自己找活路啊。我请一次，秦王不一定相信，我请两次、三次，他总会相信，只有这样，他才能安心把这么多兵力交给我啊！”

果然，在秦王嬴政回宫后，他对周围的人说：“又是求田产又是要宅子，以前还以为王翦是大英雄，今天这样看来，他也并不是真的英雄嘛！”

王翦真是凭着自己的那份深谋远虑、谨慎小心，才打消了秦王嬴政对他的顾忌，也使得他成为历史上不多的功高盖主却又得以功成身退的人。

原文

以贤臣而事昏主，危矣。故明主则谏，昏君则去。不去而隐于朝，宜也。知其雄，守其雌。事不可为而身退，此为明哲保身之道也。(《权谋残卷》)

译文

贤能的臣子如果去侍奉昏庸的君主，那他就危险了。所以当他遇见圣明的帝王就会规劝，遇见昏庸的国君就会离开；即使不离开也应该隐身于朝廷。拥有刚强的才能，但是需要保持柔顺。事情不能强求的时候就要全身而退，这就是明哲保身之道。

解读

每个人其实都生活在“江湖”之中，这就需要懂得明哲保身之道，当不能施展才能时，就要加以隐蔽，因为这样可以避祸得福，如果非要留得青名，或许得到的就是杀身之祸。

案例

张良韬光养晦享天年

在生活中，不需要处处都显示自己的才能，有的时候锋芒毕露反而会招致祸害。这个时候，应该学会示弱、示所不能，以求得生存的空间。

战国末期，有个张良，他是韩国人。据《史记》记载，张良的祖父三世为相，其父二世为相，仅他们一家就五世为相，可谓是为韩国做出了极大的贡献。但可惜的是，韩国位于各个诸侯国之间，加上韩国国君昏庸，所以，第一个就被秦国吞并了。

面临丧国之痛的张良，散尽家财招揽天下英雄，准备在博浪沙刺死秦始皇。但不幸，计谋失败了，他逃到下邳。机缘巧合，他又在那里得到了黄石公老人所传的《太公兵法》。

秦末，全国各地都爆发了农民起义，张良也参加了起义，并辅佐刘邦成功攻下咸阳、打败项羽，成就了一统天下的霸业。

平心而论，张良在帮助刘邦称王称帝中立下了卓越的功勋。但是，当刘邦分封天下准备重重地封赏张良时，张良却拒绝了刘邦的封赏，只是接受了很少的一部分封赏。从此以后，他就渐渐地淡出了政坛，也很少过问朝廷上的事情。

正是因为张良早就明白人生的得失，深知权力斗争的险恶，所以才能够从“帝者师”主动退位，掩藏自己的光芒，最终安享天年。

反观韩信，在帮助刘邦打天下时也立下了不少的奇功，但他却不知进退，锋芒太露，功高盖主。汉高祖五年，刘邦被楚军围困于荥阳，亟须韩信率军救援。当时刘邦命韩信搬兵前来救援，不料韩信却借此公然要求刘邦封他为假齐王。尽管异常恼怒，刘邦还是迫于形势，违心地封他为齐王。这件事情引发了刘邦对韩信的猜忌，所以才会在之后借吕后之手把他杀害了。

张良正是充分懂得掩藏自己的锋芒，功成身退，所以才让刘邦对他放心。而韩信却仗着自己的功劳来要挟刘邦，让他起了猜疑之心。

原文

夫人主莫不爱己也。莫知己者，不足爱也。故桓子曰：“捕猛兽者，不令美人举手；钓巨鱼者，不使稚子轻预。非不亲也，力不堪也。奈何万乘之主，而不择人哉？故曰：夫犬之为猛，有非则鸣吠，而不遑于夙夜。此自效之至也。昔宋人有沽酒者，酒酸而不售，何也？以有猛犬之故。夫犬知爱其主，而不能为其主虑酒酸之急者，智不足也。（《反经》）

译文

凡是人主没有不爱自己的。那些不了解自己的人，不值得爱。所以桓玄说：“捕猛兽的事，不能让美人去干；钓大鱼的事，不能让小孩子去做。不是不相信他们，而是他们能力有限不能胜任。何况是一国之君，哪能不择人而用呢？拿猛犬来说吧，其所以厉害，是因为它不管是白天还是夜晚，一有非常情况便狂吠不已。它对主人的服务，可以说自觉到极点了吧？然而能不能说这样就很好了呢？从前宋国有家卖酒的，酒放酸了也卖不出去，什么原因呢？原来是因为他家养的狗太厉害的缘故。那只狗只知道爱它的主人，却不知为主人考虑顾客因怕它不来买酒，酒放酸卖不出去会使主人生活困难的问题。这是因为狗的智力有限。所以说，做国君的不能用低能的人。”

解读

人要了解自己，而且是真正的了解，不带自私的感情。所以不要去做自己不懂的事，因为不了解，就会出错，错多了就会有祸来。择人也是，要识人，不能让不懂的人在其位上，这样是害了他。

案例

诸葛亮挥泪斩马谡

用人就要先识人，只有完全认识了解一个人，才能够充分发挥其长处，避免其短处，否则就是害人误事。

三国时期，诸葛亮为了帮助刘备实现一统大业，发动了一场战争攻打曹魏。他派出赵云、邓其为疑军，占据箕谷，并亲自带领十万大军偷袭魏军据守的祁山，并让参军马谡为前锋，主要负责守住战略要地街亭。在马谡出发前，诸葛亮一再叮嘱说："街亭虽小，却非常重要，它可是通往汉中的必经之地。要是失掉了那个地方，我军就一定会失败。"并指示他要临水驻扎下来，一定要小心行事，切不可马虎大意。

当马谡率领部队到达街亭后，观察了一下地形，就把诸葛亮的指示抛在一边，自作主张地命令部队驻扎在离水很远的街亭山上。当时，副将王平立刻劝阻，说："街亭既没有水源，更无粮道，如果魏军围住街亭的话，就能很快就切断水源，断绝我们的粮道，这样一来，我军就会不攻自破了。还是请主将按照命令行事，依山傍水布兵。"

马谡不仅不听劝阻，反而扬扬自得地说："我精通兵法，这是很多人知道的，就连丞相有的时候都要请教我呢！你王平成长在军旅，手不能书，怎么懂得兵法呢？现在我军居高临下，等敌军一来，就势如破竹，置之死地而后生，这可是用兵常事，取胜之道。"

王平又劝谏道："这样一来就非常危险啊。"

马谡看王平还是不服气，就非常生气，说："丞相让我做主将，那么所有的事情就由我来指挥，并让我负责，如果失败了，由我全权负责，绝不会怪你。"

王平坚持道："我作为副将，要对主将、对丞相、对后主、对蜀国的百姓负责，这怎么会和我没有关系？我还是希望您能够按照丞相的指令，依山靠水布兵。"

结果，刚愎自用的马谡还是固执己见，让军队在山上驻扎了下来。

魏军大军张郃来到街亭后，看到马谡居然在山上布兵，心中大喜，立刻让人切断他们的水源，并截断他们的粮道，将马谡的部队围困在山上，然后，又下令让人放火烧山。蜀军又渴又饿，加上烟气熏人，很快便军心涣散，不战自乱。这个时候，张郃趁机下令上山进攻，蜀军很快就溃败了。

诸葛亮在派马谡为前锋时，只想到他精于兵术，却没有充分考虑到马谡为人刚愎自用、骄傲自大，所以才会出现街亭失守的局面。

原文

刘备来奔曹公，曹公以之为豫州牧。或谓曹公曰:“备有雄志，今不早图，后必为患。”曹公以问郭嘉。嘉曰:“有是。然公提剑起义兵，为百姓除暴，推诚仗信，以召俊杰，犹惧其未来也。今备有英雄之名，以穷归己而害之，以害贤为名，则智士将自疑，回心择主，公谁与定天下者？夫除一人之患，以阻四海之望，安危之机，不可不察。”曹公曰:“善！”

傅子称：郭嘉言于太祖曰:“备有雄志而甚得众心，关侯、张飞皆万人之敌也，为之死用。以嘉观之，其谋未可测也。”古人有言曰:“‘一日纵敌，数世之患。’宜早为之所。”曹公方招怀英雄，以明大信，未得从嘉谋。(《反经》)

译文

三国时刘备来投奔曹操，曹操任命刘备为豫州牧。有人对曹操说:“刘备胸怀大志，现在不早点儿除掉他，必为后患。”曹操就此事向谋臣郭嘉请教。郭嘉说:“有道理。不过话说回来，你现在起兵的目的，是为百姓铲除残暴的邪恶势力，以真诚和信誉来号召天下豪杰帮助你建功立业，如果杀了刘备，就怕把所有想来投奔你的人才都吓跑了。现在刘备已有英雄之名，因为走投无路才来投靠你，假如在这种情况下谋害他，就要背上谋害贤能的罪名，那么有智谋、有才能的人就会怀疑自己找错了对象，就会掉头去重新选择主人，到那时你和谁去平定天下呢？因害怕一人成为后患而除掉他，结果使普天下的人才都失望，值此安危之际，你不能不考虑其利弊得失。”曹操说:“讲得好！”

傅玄在讲到这段历史掌故时，内容却与此正好相反。他说郭嘉对曹操说:“刘备有雄才大略而且很得人心，关羽和张飞两位大将，都有万夫不当之勇，而且都甘愿为他尽忠效命。依郭嘉看，刘备的谋略不可测度。”古人有言:“‘一日纵敌，数代之患。’应当尽快把他杀了。”可是曹操当时正在招揽天下英雄，一心想让天下人相信他是最讲信义的，所以没有听郭嘉的话。

解读

福和祸是相依的，曹操在能杀刘备时没杀，是因为那时他还弱小，想招揽更多的人才。但正因为这时的“福”却迎来了赤壁之战时的“祸”。福和祸不可兼得呀。

案例

塞翁失马，焉知非福

福祸相依，所以在有福时要居安思危，在有祸时要充满希望。

从前，有一个老汉在与胡人相邻的边塞地区居住，人们都尊敬地称他为“塞翁”。塞翁为人豁达乐观，为人处世的方法非常独特，常常与众不同。

有一天，不知道为什么，他家的马居然在半路上走丢了，天很晚了都没有回来。当他的邻居们知道这个消息后，都为他感到惋惜和心疼。不过，塞翁却丝毫不以为意，反过来劝解大家说:“我的马丢失了，当然不是一件好事了，不过，谁又能肯定它不会带来好的事情呢？”

果然，几个月后，他家的那匹老马竟然又从塞外跑了回来，同行的还有一匹胡人骑的骏马。邻居们知道这件事情后，都纷纷前来向他道喜，并夸他之前的想法非常有远见。不过，这个时候，塞翁却忧心忡忡地说:“唉，难说，谁也不能保证这就是一件十足的好事。”

塞翁家突然多了一匹不可多得的骏马，他的儿子非常开心，每天都骑着那匹骏马到处兜风。有一天，很不幸的事情发生了，他的儿子因为太过高兴而一不小心从奔跑的骏马身上摔了下来，结果摔坏了一条腿，导致终生残疾。

善良的人们又都纷纷前来慰问他。这一次，塞翁却反过来宽慰邻居们说：“谁说它就一定是坏事呢？”

一年后，临近的胡人举兵袭扰中原，边塞的战争形势十分紧急，那些身强体壮的青年都去当兵了，而且大部分都战死沙场。但是由于塞翁的儿子瘸了腿，所以没有去服兵役，他们父子二人也得以保全了自己，避免了生离死别的灾难。

这个故事告诉我们：福祸相依，任何事情都不是绝对的，在一定条件下，好事可能会带来坏消息，坏事也可以带来好消息。

原文

恃于人者不如自恃。自恃者寿，自足者福。顺天应人，故常在。(《权谋残卷》)

译文

依靠别人不如依靠自己。依靠自己才能够长远，容易满足就能够幸福相伴。顺天应人，所以能够长远。

解读

如何得到幸福，其实就是靠自己、懂知足、随遇而安。以上这些，人们都以为没什么新意，都是老生常谈，但却做不到，因为我们的欲望太多了。

案例

知足常乐

幸福其实是一种能力，它不在于你拥有多少东西，而是一种心态，只要对任何事情都淡然处之，常怀感恩之心，懂得随遇而安，你就能拥有幸福。

很久以前，一个城里住着一个大财主，他家非常富有，不仅在城里有十几间店铺，在乡下还有几百亩田地出租，还养着几百头牛羊，坐拥十多艘捕渔船，真是家大业大。在他家隔壁有一个小木屋，木屋的主人是一个理发师，名叫阿欢。

这个大财主事事都不用操心，无论什么事情都有掌柜和管家帮他打理。他的生活又十分奢侈，穿的是绫罗绸缎，吃的是山珍海味，住的是大豪宅。可是，他却从来没有开心过，整天为赚钱太少、利息不够高等事情而唉声叹气、坐立不安。而住在他家隔壁的阿欢，每天只赚着几个银钱，虽然已经三十出头了，但还没有娶妻。不过尽管如此，他每天的日子还是过得十分潇洒，每天饭后，都能听到从他家传出来欢快的歌声。这歌声让本来就睡不好的地主听了，就更是心烦不已。

这让大财主十分不解，于是，他找来管家问道："为什么隔壁的'剃头欢'一文钱都没有，吃穿都不够，却还能这么开心呢？而我，尽管拥有这么多钱，却还是快乐不起来呢？"

掌柜的笑着说："是因为他知足所以才能常乐！"

财主听了，忽然好像明白了，然后说："那怎样才能让他不唱歌？"

"这个很好办，您只要借给他十两银子就行了。"掌柜的说。

"就这么简单？"大财主不相信地问。

"是的，一定可以。"掌柜的信心满满地说。

"好，那就照你说的办。"说完，财主就走了。

第二天，掌柜的借口到阿欢的理发店刮胡子，然后他们聊起了天。最后，他问阿欢是否愿意做生意，要是愿意做生意，自己可以帮他向财主借十两银子，而且利息还比别人的低。

阿欢听了非常高兴，点头答应了。当天晚上，他特别激动，想到有了这十两银子，以后就能够去做很多的生意，赚很多的钱，然后盖房子，娶妻生子。越想越兴奋，结果，他一晚上都睡不着，唱了一晚上的歌。

当掌柜的把钱借给了阿欢后，他整天看着这些钱在想，要去做什么生意既能保本还息，还能赚钱呢？想着想着，阿欢居然整夜失眠了，再也没有心情唱歌了。

俗话说："知足者常乐。"这个大财主正是因为不知足才会虽富贵却不能快乐。一开始，清贫的阿欢能满足于现状而感到开心，后来却因为十两银子打乱了他的生活，是因为他在银子面前起了贪欲，所以才会开心不起来。

原文

不折大节，不弃小惠。进退有据，循天理而存人情，此所以为全身之术也。(《权谋残卷》)

译文

不失去大的操守，不放弃给人小的恩惠。当进则进，当退则退，遵循天理又存有人情，这就是最好的保身之法。

解读

保身之法就是莫以善小而不为，莫以恶小而为之，善多了自然就多助，福自然就来了。

案例

心存善念才有善报

人只有多行善，才能积德，善事做多了，福气自然也就来了。

明朝的时候，有一个人叫张畏岩，他学识渊博，文采飞扬，在当时小有名气。万历年间，他进京赶考，结果却名落孙山。他十分不甘心，在榜前大骂主考官有眼无珠。

刚好有一个道人从旁经过，就笑着说："这位相公，依我之见，你的文章一定写的很差。"

张畏岩听了，更为生气，说：“你笑什么？你还没看过我的文章，怎么知道写的不好？”

这位道人说：“我听说呀，写文章一定要心平气和。你现在在这里大骂主考官，可见你的心不平，气不和，这样怎么可能把文章写好呢？”

张畏岩听了，觉得十分在理，就谦虚地向他请教。

道人说：“假如命中注定没有缘分，那么，即使文章做得再好也没用。如果能够认真行善，那还愁没有福报吗？”

张畏岩听了，叹口气，说：“我不过是穷书生一个，哪里还有钱做善事呢？”

道人回答：“做善事，关键在于心中时刻存有善念，时刻保持谦虚谨慎的心态，心怀助人之心。这些并不需要花钱，你是完全可以做到的。比如现在，你为什么不去反省自己，而在这里大骂主考官呢？这就是你的不对。”

张畏岩听了，幡然醒悟，并连连向那个道人致谢。

从那以后，张畏岩一心向善、修身，成为一位品德高尚的人。他还经常劝人向善，受到人们的称赞。

很快，三年就过去了。有天晚上，张畏岩做了一个梦，梦见来到一个大房子里面，里面有一本花名册，这个册子里面有好多空缺名字。于是，他就问旁边的人是怎么回事。那个人告诉他，这是今年秋榜录取的花名单，本来这个名册都写满了名字的，只要在这三年里，他没有做什么坏事，那么他的名字就可以保全。这些空缺就是本来可以中选，却因为德行有缺失才去掉的。这三年来，你一心向善，所以，你的名字是能够加进去的。如果你继续坚持为善，将来更是福德无量，希望你能自重。

这一年，张畏岩果然中榜了。他当官后，更是坚持为百姓做了许多好事。

俗话说：“举头三尺有神灵”，善有善报，恶有恶报。因此，我们应该多存善心、多行善事，只有这样才能保持福分。

原文

班固云:“昔王道既微，诸侯力政，时君事主，好恶殊方，是以诸家之术，蜂起并作，各引一端，崇其所善，以此驰说，取令诸候。其言虽殊，譬犹火水相灭，亦能相生也。仁之与义，敬之与和，事虽相反，而皆相成也。”《易》曰:“天下同归而殊途，一致而百虑。”此之谓也。

译文

班固说:“从前王道衰微，诸侯各国竟相巩固自己的政权，由于当时各国的君主好恶不同，因而使诸子百家的学说蜂拥而起。他们各执己见，大力宣扬自己的理论观点，并且到处游说，争取让诸侯采纳。他们的学说虽然各不相同，但就像水与火的关系一样，相灭而又相生。仁和义，敬与和，虽然相反，然而它们却都相辅相成。”《周易》说:“天下人的目标是一致的，而达到共同目标的途径却有各种各样；天下的真理是同一的，而人们思考、推究真理的思维方式和表述方式却是千差万别的。”《周易》所说的正是这个意思。

解读

不管如何玩弄权谋，我们的目标是为了趋福避祸，让事态往有利于自己的方向发展。上面讲了很多，这里讲其中最重要的一点，就是包容。只有包容，不管是别人的计谋也好，想法也好，才能达成目标，因为大家的目标是同一的。既然同一，就可以在包容中相辅相成。

案例

齐桓公释前嫌用管仲

人要有容人之量，只有这样才能把别人团结在自己身边，齐心协力完成共同的目标。

战国时期，齐国的国君齐襄公有两个弟弟——公子纠和公子小白。他们各自又都有一个非常有才的老师。齐襄公是一个昏君，生活十分奢侈，所以，公子纠便跟着老师管仲到鲁国避难，而公子小白则随着老师鲍叔牙去了莒国。

后来，齐襄公在内乱中被杀死了，公子纠和公子小白得到消息后，都急着回来当国君。

鲁庄公亲自带着人马护送公子纠回国。而公子纠的老师管仲则担心公子小白会抢先回到齐国抢夺君位，因为莒国离齐国更近。于是，在得到鲁庄公的同意后，他带了一批人马提前走了，去拦截公子小白。

当管仲他们赶到即墨一带时，发现公子小白正在赶往齐国。于是，管仲上去劝阻公子小白，哪知他根本不听。于是，管仲就偷偷射了小白一箭。小白应声倒下，管仲以为他已经死了，就从从容容地护送公子纠返齐。

哪知，公子小白当时从车上跌落下来，只是在装死，等管仲走后，他就更加拼命往国内赶，回到齐国，成为国君，即后来的齐桓公。

当公子纠赶回国内时，齐、鲁两国的军队打了起来，结果鲁军大败。鲁庄公被迫只好逼死了公子纠，并把管仲抓了起来。齐国又提出一个要求，说管仲曾经射过齐桓公一箭，现在要报那一箭之仇，所以让鲁国把他押送回齐国，让齐桓公亲自处置他。鲁庄公也只好同意了。

在押往齐国的途中，管仲受到了士兵们的虐待。到了绮乌，管仲饥饿难耐，就向那里的官员讨饭吃，那里有一个官员十分恭敬地跪着把饭端给他吃。等到他吃完后，他就问管仲："如果您回到了齐国，齐桓公没有杀你，反而重用你，你会怎么报答我呢？"

管仲回答说："如果我真的受到了重用，那么我将任人唯贤，奖赏有功之人。我能用什么来报答你呢？"这个官员听了后，心里十分不满意。

在他回到齐国后，没想到鲍叔牙还亲自出来迎接他。而齐桓公更是没有杀了他报那一箭之仇，反而重用他，让他当了宰相。

齐桓公正是看到了管仲身上的才能，本着为国家利益考虑，所以决定冰释前嫌、既往不咎，对管仲委以重任。